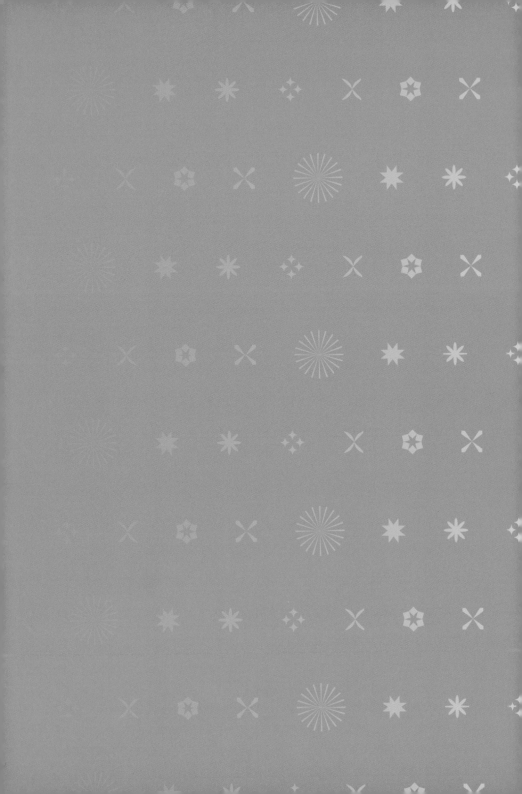

不做星光，也能成為一家人的太陽

林家嘉・卓子傑 著

踏上追尋自我與勇氣的旅程

秀傳醫療體系行銷總監　黃柏文

當翻開《不做星光，也能成為一家人的太陽》，您即將踏上一段充滿情感豐富度和深刻人生體驗的旅程。這本書，不僅僅是林家嘉的自述，更是一段關於夢想、愛情、自我探索和成長的故事。

以細膩的筆觸帶領我們深入林家嘉的內心世界，從她的童年到成年，從她的家庭到職場，再到她與林益全的愛情故事，我們見證了一位女性在追尋自我的路上所經歷的種種挑戰和轉變。這部作品不僅展現了主角在面對人生各種波折時的堅韌和勇氣，更展現了她如何在這一切中找到自己的聲音和位置。

《不做星光，也能成為一家人的太陽》不僅展示了林家嘉在追尋名利與個人價值的掙扎，更深刻描繪了她在愛情、家庭和自我實現方面的故事。特別是在描述與林益全的愛情關係時，書中展現了一種罕見的真實與純粹，揭示了現代愛情的多重面貌。這段關係充滿了挑戰和誤解，但最終通過相互理解和支持實現了成長，向我們展示了即使在最不尋常的情況下，愛情也能以最真實和動人的方式綻放。

總而言之，這本書不僅是林家嘉的故事，也是所有人在追尋自我與愛中掙扎與成長的故事。它提醒我們，在這個繁華的世界中，有時候放慢腳步，尋找那些真正重要的事物，才是最終導向幸福與滿足的關鍵。我誠摯地推薦《不做星光，也能成為一家人的太陽》，願它能啟發您對生活的深刻思考，並帶給您在追尋夢想和愛情路上的勇氣與啟發。《不做星光，也能成為一家人的太陽》不僅是一本書，它是一段旅程，一段關於勇敢生活和真實愛情的旅程。我相信，每位讀者都能在這段旅程中找到自己的影子，並從中獲得力量和靈感。

認識自己的無限可能

真善美藝術表演中心 創辦人 翁芸芸

相信就會帶來無窮盡的力量，這是我在家嘉身上學到的。

我在表演藝術中心上的舞蹈課程裡認識家嘉，我認識的她樂觀、上進且理性，她從不輕言放棄並報著學習的精神去面對所遇見的困難。

而益全雖然看起來冷淡不擅言詞，但總有他的風趣和熱心，和他們夫妻相處，總能輕易的發現四溢的美好。

在我眼中，家嘉像個不斷吸收的海綿，從各個方面去汲取需要的養份，灌溉家庭使其成長茁壯。

從這本書上，除了女力覺醒外更能看見女性的柔韌及兼容，也看到了家庭的配合和默契。

她讓我看見只要相信，一切的問題都將能夠迎刃而解，走出自己豁然的康莊大道。

在看這本書的過程中，希望你也可以從中認識到逐漸成長的自己，透過吸引力法則找到屬於自己無限的可能！

勇於挑戰，才值得璀璨

葳格國際學校總校長 李海碩

家嘉的大作，完美表彰了新時代女性在兼顧家庭下，更可自我定義、並勇敢活出自我的最佳典範。這本大作更讓我們看見了一個全新的可能性：我們不但可以看見家嘉對尊夫林益全的付出與守護，更能看見她不被世界與傳統觀點所侷限的多元璀璨，書名《不做星光，也能成為一家人的太陽》，對應作者從明星走向妻子與母親的身份，實在恰如其份。

俗話常說「成功的男人背後一定有個支持他的女人」，這本書讓我們看見了「支持」的巔峰定義，家嘉對益全而言，不但是軍師、是心理諮商師與職涯教練、是運動陪練與商務談判的夥伴、更是最好的朋友。家嘉所提供的不僅是心理上的支持，更是實質的協助。

我相信每一個男人讀到這邊都會覺得非常羨慕，但我更相信益全兄必然也是一位很值得男性同胞學習的對象，因為唯有最好的丈夫，才能讓這樣的付出細水長流。在讀完之後，我真是想好好認識益全兄，向他學習！

而這本書在下最讚許的地方，是林家嘉不但在支持先生職棒選手林益全上無微不至，更在輔助家人築夢的道路上同步成就了自己。人生發展最大的框架，往往都在於心中的自我設限，而家嘉透過了一次又一次的自我身份定義，不但突破了自我，更成為了家人最大的支持與溫暖。在這本書中，能看見共同扶持的夫妻相處之道、生命成長與陪伴的典範、與身為人母為「蝦卷（孩子小名）」教養的細節與堅持。

人類進步的軌跡最重要的關鍵是靠先驅者的典範：阿姆斯壯（Neil Armstrong）之後，人類知道可以把腳印放在月球上，博爾特（Usain Bolt）之後，男性一百公尺的目標就成了九秒，在林家嘉之後，讀者將學會另一種新時代女性的卓越姿態。這本書值得獻給所有熱愛生命，勇於面對挑戰，且在這些挑戰時，依然帶給家人溫暖與微笑的生命英雄。

沒有努力，焉得璀璨。當我們翻閱著每頁中家嘉的奉獻與成就，且讓我們也牢記她的毅力與堅忍，想必是來自於她內心對家人深愛的支持。

目次／

第一部

夜晚過去，是黎明的開始

第 1 章

誤入叢林的小白兔

我不是那種從小夢想當明星的女孩。

相反的，我其實是個對未來感到茫然的孩子。

我是林家嘉，生長於台中南屯的小康家庭。我是家中長女，底下還有一個弟弟和一個妹妹，爸媽的管教風格雖然傳統但卻不封閉，尤其對於小孩想要學習的東西都會全力支持。

爸媽因為從商工作比較忙碌，我很早就學會獨立自主，課業上也都是自我要求成績，從來沒讓父母煩惱過。做為長女，我很小就知道自己在家中要扮演什麼角色，當女兒要懂事聽話，當姊姊要做好榜樣，當學生就是盡本分好好讀書。

現在回想起來我跟同齡的女生真的不太一樣，小學二年級這個大家都在想著玩耍的年紀，我卻因為擔心自己成績跟不上同學，跟爸媽要求要去老師家補習，整個學齡幾乎都在這種「超前佈署」的模式下度過。

我的學業成績還不錯，但還不到現在所說的「學霸」地步，我小時候考試如果臨時抱佛腳，會因為壓力太大背不好課本上的內容，所以每次大考前我一定會提前一個月開始念書，準備充分下我才能獲得好成績，完全是苦讀類型的學生。

用功模式是我做任何事情的寫照，我對所有有興趣的事都會設定目標，下苦功鑽研，設法獲取成功。

當同學們幾乎都是父母找好補習班要求他們補習的時候，我則是都自己找好想去的補習班再跟父母拿錢，我爸媽為小孩花錢的原則很明確，追逐潮流的非必需品，像手機、摩托車這一類的他們是不會買單的，但舉凡我們家的小孩在學習上的需求比方說補習、才藝班等等，學費無論再貴，他們都會設法為我們張羅。

吸引力法則的信徒

「吸引力法則很簡單，你必須知道自己想要的是什麼，並專注於積極的思想和慾望。正面的力量會相互吸引，負面力量亦同。由於語言和思想都帶有能量，因此說什麼、想什麼都可能成真。」

我是個深信「吸引力法則」的人，當然，我是長大以後才知道這個專有名詞。

從學生時代我設定好的目標，我就覺得只要努力去做肯定可以達成！我用念書和大考的成果來驗證這個信念。每當我努力念書，我都可以拿到想要的成績、考取心儀的學校，我是近末代聯考的考生，但我求學歷程從來沒有考過聯考，從五專、二技到後來考上研究所，我都是以推薦甄試的方式就順利錄取。

求學路的順遂可能會讓人誤以為我是一個清楚自己未來方向的人，但其實正好相反！

我雖然相信努力的目標可以達成，但當時我完全不知道未來想做什麼，我努力讀書是因為那時我只知道自己會讀書，一旦踏出校門我就得出社會工作，當時只有一直讀書我才能逃避出社會找工作的現實。

盲目讀書不是一件好事，尤其在不知道自己要什麼，純粹只是按照分數高低去填志願就讀時，我五專時因為分數區間選填了資訊管理，結果念起來超～級～痛～苦，即使我的數理能力不錯，但寫電腦程式的邏輯跟一般數理邏輯是很不一樣的！

在讀資管系的時候，班上只有五六個女生，其餘都是男同學，回想起來，我從那時就很習慣跟男生相處，我的個性比較大喇喇，跟人相處習慣直來直往，反而比較不適應跟心思縝密的女生相處。

大學時我改念財務管理，因為調性比較柔，念起來不像資管那麼辛苦，考推薦甄試的時候我錄取淡大財金和高雄科技大學，在我念書的時代，長輩大都覺得國立大學比較好，還沒有比較科系競爭力的概念，加上國立大學學費確實也比較便宜，所以後來我就選擇了高雄科技大學。

被壓抑在課堂的青春期學生最常聽到長輩說的一句話就是「現在好好讀書，等你考上好大學以後就可以盡情的玩。」

義務教育期間被迫讀書的人，考上大學以後常產生彌補自己的心態，一定要加倍的玩回來；與之相比我真的是異類，我大學時多數時間都花在念書和打工上，因為以往念書和補習都是出於自願而非被迫，上大學以後我自然也不會想要瘋狂玩樂來彌補自己。

前面提過，除了學費外其他娛樂性非必需品我爸媽不會提供金援，所以到大學以後有任何想要的東西，我就自己打工存錢買。

大學時代我的社交風格愈來愈鮮明，我不習慣跟女生組一團，在高科大的女同學大多數都一起住宿，但我當時就決定自己在外面租房子，因為我需要獨處的空間，在學校時跟同學的互動交往沒問題，但下課出校門以後我不喜歡參加聯誼，也不夜唱、夜遊，我需要獨立空間安排自己讀書和運動的時間，可以無拘無束，不怕別人打擾，我覺得這也是後來我跟林益全相處會合拍的原因之一，我們在人際互動上，無論是身處演藝圈、棒球場，適度的社交可以，但我們都是工作結束以後就想休息、不喜歡下班後還要續攤的人。

這種模式有好有壞，我可以保有自己的時間和空間，但就是跟大家都不熟，好朋友也

比較少，但如果對這種狀況看的很淡，交友講究順其自然的話，其實也無傷大雅。

即使學業取得好成績，但一路讀到研究所後我依然沒有目標，純粹靠念書逃避未來方向茫然的現實。

我自己屏蔽了外務和社交的干擾，所以碩士論文在研究所二上就寫完了，當時必修課已經很少，空閒時間超多，因為想要賺錢，所以我透過朋友的介紹開始當起模特兒和展場 Show Girl，就這樣誤打誤撞的走進演藝圈工作。

當時當 Show Girl 主要就是跳跳舞，在兼職的同時研究所也畢業了，但我還是不知道興趣和目標，本來還曾動念繼續考博士班，但後來看到學校的博士班「老學長」們，因為學制沒限制幾年內完成學業，所以到了四十幾歲還在唸書，我那時才驚覺自己不能再這樣漫無目的讀下去了！那時看財管學長姊們大多數都去銀行工作或當會計師，我個人真的比較不喜歡念會計，所以後來決定去銀行應徵。

初次以社會新鮮人的身分去面試，當時我只想要找個離家近的銀行工作，所以我找到了離我家走路五分鐘就可以到的台新銀行，當時只想著中午午休時間我還可以回家吃飯睡午覺。

我順利錄取台新銀行企業貸款的業務工作，公司主管後來跟我說，以往這份工作他們都是直接挖角其他銀行有工作經驗、可帶來客戶人脈的即戰力，沒有要培養新人的打算，這是他們第一次錄取完全沒有相關背景和人脈的新人，「吸引力法則」再次在我身上驗證，「我相信可以，我就是可以」，無論求學時代或出社會的面試，我一旦做好準備，就有信心能獲得青睞。

演藝圈之路，也是於此同時「不小心」踏上的。

銀行的工作內容比較單調，閒暇時間也多，我又想要在假日兼差多賺點錢，後來因為朋友引薦，台北一間大型汽車旅館正要盛大舉辦開幕活動，那是少數擁有游泳池和KTV的新式汽車旅館，他們希望透過活動，邀約Show Girl和媒體來製造話題，一舉打響知名度。

活動彩排當天，我不知道彩排日就要穿泳衣下游泳池，所以我沒有帶泳衣前往，當我被告知當天必須下水後，因為不想穿著一般的衣服下水，看起來很不專業，我的個性是既然我已經決定要做這份工作了，演什麼就得像什麼，但是沒有帶泳衣的話，我要怎麼樣才能夠呈現出穿泳衣的樣子呢？我思索著「反正跳到水裡面，穿內衣跟穿比基尼看起來也差不多嘛」，於是我把心一橫，就直接穿著內衣下水。

當時的活動負責人是雜誌社的編輯，他看到我在彩排時的表現，覺得我的表現很重視這份工作，於是在後續形象照拍攝選角時棄用原本的模特兒，直接把這份工作交給我。形象照的內容是拍攝全裸但不露點的照片，因為內容交代的很清楚，而且現場工作人員也是由女生先處理，環境設置好了才會由男性攝影師拍攝，因為安全又沒有違反道德問題，加上待遇真的不錯，我就同意接拍了。

沒想到這一拍真的引起軒然大波，當時我不知道這張照片會放大到三層樓高的巨幅看板懸掛在台北市的鬧區裡，結果照片掛上去以後新聞鬧的很大，報導上說在市區裡放這麼巨幅的性感照會讓來往車輛駕駛分心，後來勒令業者強制拆除，但這次報導讓我引起不少關注，也有新聞台和雜誌社特別針對這件事情來採訪，讓我莫名打起知名度，也因此有了更多工作邀約。

當年雜誌社幫我做了專題報導，我還登上封面人物，內文寫到我是國立大學碩士畢業，目前在金融界工作，消息曝光以後，我才知道金融業有不能擔任兼職工作的規定，於是我選擇在被銀行懲處前自行離職，我不希望留下被銀行懲處的紀錄，這樣對我以後還想在金融業工作可能會有不良影響，在辭掉台新的工作後我就跑到台北去找工作。

當時會跑到台北其實也是逃避現實，我爸媽是很保守的人，那個巨幅看板的消息曝光後我很擔心回家會被罵，索性直接去台北「避風頭」。

因為拍攝性感照片的原因爆紅才踏上演藝圈，但這本來就不在我的人生規劃之內，所以星路注定也走不長久。

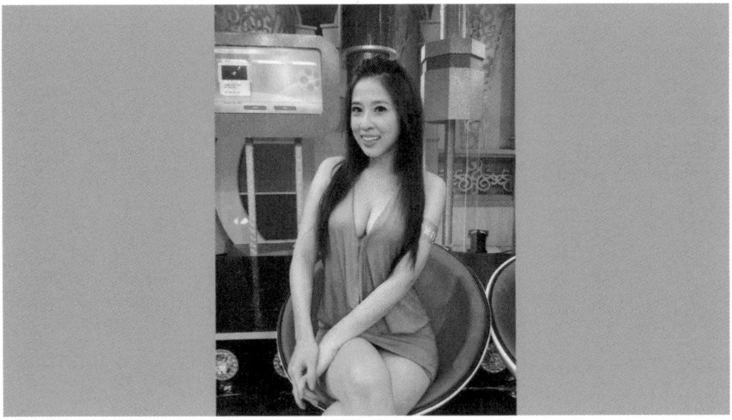

我剛出道的形象就被定位成性感明星，早早就已經被貼上標籤，受邀出席談話節目的內容也都走鹹濕路線，當時的經紀公司也會限制我出席活動時的穿著，規定必須要以清涼、性感為主，上節目的談話也要求要能講的辛辣和鹹濕，就算有接演 MV 或戲劇的工作機會，也常常都是在劇中演親熱戲，我其實不喜歡也不習慣。

不只是節目通告，就連出席餐飲業的活動我也必須要穿著清涼上陣，讓我覺得形象既不合時宜又不得體，但當年演藝圈就是興起這股風氣，收視率也反映很多觀眾想看，市場決定內容，所以也只能任由公司主宰我們的風格。直到近年我看線上談話節目的內容，質感和豐富度相比我當年在演藝圈時已經不可同日而語，言談舉止和服裝、妝髮與節目的氣質都更相得益彰，如今的環境氛圍和觀眾的品味其實是提升的。

任何工作領域，都會有特殊方式、手段才能爭取到的成功機會，但其實只有目標很明確的人，才會去運用潛規則或特殊手段，先不評判好壞，但至少他們知道自己要的是什麼，半推半就的人是沒有辦法出頭天的。

在演藝圈時，我也曾聽過經紀人隱晦的透漏有企業老闆想要包養的意圖，喔，當時還沒有流行「包養」這個詞彙，他們就是說有某某人想要認識你，交個朋友，平常一起吃飯交際，然後會給你錢用；但對我而言，我從小到大就習慣獨立自主，我有能力靠自己的努力養活自己，不需要靠別人照顧然後獲取不合理的收入。

無論是當下還是現在回想，我發現我的個性其實不適合當時的演藝圈，因為這不是我規畫內的事情，自然沒有動力去爭取，無論是演戲、主持和唱歌，我都不是專業科班出身，加上當時也是莫名踏入演藝圈，演藝工作變成純粹只是為了賺錢餬口；加上當時銀幕形象也不允許我做自己，在忙碌又疲憊的一天結束之際，我心裡面常常有個聲音會問我自己：「我現在做的事情真的是我想要的嗎？」這份工作的內容讓我的內心沒有成就感和踏實感，它塑造出我的外在形象跟內心的真我常常產生矛盾與衝突，所以這條路走起來加倍艱辛，長期缺乏自我認同，自然也沒有想要精進向上的動力。

有陰影處就有陽光，任何事情都是一體兩面的，我雖然不適應演藝圈，但是這段過程還是有許多讓我快樂的經歷，多樣化的工作類型，如演戲、唱歌、主持、拍攝寫真、MV等等，這種特殊的人生經歷是一般人比較難體驗到的。

我在婚前一兩年，台灣的電視生態開始漸趨沒落，大量的演出機會都轉往國外，到二〇一一年，我有很長的時間是待在香港，並轉飛世界各國演出，如中國、新加坡、拉斯維加斯、俄羅斯，當時台灣藝人在中國正是當紅年代，對台灣來的女團和模特兒幾乎來者不拒，他們對台灣藝人的印象，就好像是中華職棒看待洋將一樣，是訓練有素、可以馬上登場的即戰力。

仔細回想起來，無論是結婚前後，我其實沒有明確的退出演藝圈，嚴格來說，我甚至覺得自

己有沒有真正進入這個圈子都不算明確。回想一路走來經歷過的一切，在思想和觀念都更成熟的現在，我常常會想，如果我有機會重新踏足演藝圈，或許可以從職人的角度重新切入，我的目標會比當年更具體，更有想法，更懂得自己有什麼專業能夠傳達、以及想要傳達給哪些族群。

錯誤定位、自我茫然、緋聞八卦等等負面效益，多少都是讓我對演藝事業卻步的原因，當年的我比較像誤入叢林的小白兔，但很幸運的是環境並沒有給我的價值觀帶來什麼負面影響，或許未來的某一天，我會結合自己現在已經具備的經驗、人脈與目標，再一次用不同的切入點，朝演藝事業這個曾經讓我茫然的領域再次邁進，那時的我應該會呈現給閱聽者嶄新的樣貌。

第 2 章

轉角，遇見林益全

我認識林益全是在二〇一一年的年底，那時我的演藝重心已經放在海外，當年台灣的電視台縮減，通告邀約也變少，我大多數時間在香港轉飛世界各國演出，因為收工就在國外的飯店下榻，沒什麼可以花錢的機會，反而在那時認真的存了不少錢。

其實最開始我喜歡的運動不是棒球而是籃球，我在學生時期是完全不懂中華職棒的，我小時候喜歡看的是職業賽事是中華職籃（CBA），在CBA職籃還沒有倒閉之前，我一直都是死忠的籃球迷。

大學時期因為交往過一個興農牛迷的男朋友，加上當時中華職籃倒掉了，所以我就跟著他一起看起棒球。

剛開始看棒球真的讓我很痛苦，因為跟籃球賽那種球拿了就投的快節奏相比，棒球比賽的節奏真的很慢、比賽時間又很長！剛開始看棒球的時候我常常在想：「棒球比賽到底是要打多久啦？投手投一球東摸摸西摸摸，手上那包（滑石粉）東西到底要弄～幾～次？」

我當時看棒球很不耐煩，會一直碎碎念，規則似懂非懂，也很難適應比賽節奏，所以我很能夠體會為什麼要推廣棒球運動給新入門的球迷會比較困難。不過抱怨歸抱怨，我還是因此更認識了棒球運動和中華職棒。

後來幾年在台北工作時，也在機緣下認識了幾位業餘棒球選手，這些選手們後來也有部分進入中華職棒打球。

二〇一一年十一月下旬，興農牛隊陳志偉選手要結婚，當年林益全是負責幫他開車的隊友，前一天晚上興農牛隊成員一起在西門町錢櫃幫陳志偉舉辦單身派對，我也因為共同朋友的邀約前往。

在我進入KTV包廂的時候，看到壁壘分明的場景，包廂的一側是超級嗨的氣氛組，成員以資深球員為主，另一側是比較安靜的分母組，那裡坐著沈福仁和林益全。我因為不想跟人應酬，所以就逕自往安靜的那一側走去，當時我還不認識林益全，只是剛好他那邊還有空位，我就默默地走過去坐在他的旁邊。

益全後來跟我說，我打開門走進包廂的那一刻，他心裡轟隆一聲有如雷擊，他內心有個聲音告訴自己：「中了，就是她了！」他說他對我一見鍾情，而且我又自己走過去坐在他的身旁，好像命中注定的一樣。

在KTV時，我們有一搭沒一搭的閒聊，在短暫的相遇裡，他確實讓我留下深刻的印象。

他問我：「妳聽過林益全嗎？」

「有聽過。」我說。

他又問：「妳知道我有多厲害嗎，有聽過神全嗎？」

我當時真的不太認識他，就回：「神犬？跟靈犬萊西有關係嗎？」

「什麼靈犬！你去 Google 就知道我有多厲害了啦！」他說。

我當時心想，怎麼會有這麼臭屁的人？自誇自己很厲害，還要我自己去 Google 他？我覺得他很怪但又很有趣，我心想怎麼會有人這麼有自信？

當然，後來回家我真的有去 Google，才知道他從職棒新人年起就橫掃了中職各大獎項，好啦！真的是滿厲害的。

在 KTV 邂逅不到十分鐘，林益全當時忽然對我說：「我們可不可以以結婚為前提交往？」我愣了一下，笑著回他說：「你喝醉了吧，明天酒醒再說吧！」我當時覺得這個人真的很有趣，跟我從小到大社交圈裡碰過的所有搭訕模式都不同，他真的是直球對決，很敢、很不一樣！讓我留下深刻的印象。

那天唱歌結束前，我們先一起合照，他說要傳合照給我，藉口說自己新買的 iPhone 還不太會用，請我拿他的手機先輸入自己的電話，然後他再傳照片給我，他就是這樣拿到我的電話號碼的。

他邀我隔天一起參加陳志偉的喜酒，我雖然答應了，但隔天去喜宴現場卻發生很多波折。

當時我剛拿到駕照，駕駛技術還不是很好，連倒車入庫和路邊停車都不太熟悉，那天我自己開車去餐廳，路上還被警察攔下來開罰單，我本來打電話跟林益全說我不太想去了，結果電話那頭他一直拜託我去，我說：「現在這麼晚了去餐廳也找不到停車位了，而且我又不太會停車……」

本來搬出這個理由想說應該可以讓他打退堂鼓，沒想到他早已幫我預留了一個停車位，還承諾我到現場時把車交給他，他會親自幫我把車停好，這樣的周全又貼心的準備，讓我沒有理由可以拒絕了。

那天喝喜酒的時候他應該是喝茫了，開始話匣子大開，兩個小時裡滔滔不絕地介紹自己的人生故事。諸如自己交往過幾個女友啊，第一個大他幾歲、第二個小他幾歲，交往多久、又因為什麼原因分手云云……他幾乎把他從小到大的背景交代的一清二楚，好像我是來做身家調查的，後來聊到同桌隊友都受不了，直呼應該要拉個簾子把我們圍起來，讓我們自己開個包廂聊天。

他的坦率和直接確實很吸引我注意，我以前碰過太多油嘴滑舌的搭訕，碰到像他這種直率的男生真的會讓我覺得很特別，會好奇的想要聽看看他到底還會說出什麼。

婚禮結束後益全邀我去看電影，那天我們看的是賈斯汀（Justin Timberlake）主演的《鐘點戰》，那是二〇一一年底的院線片，我印象很深刻的是那天看電影的時候他對我說：

「今天起，就是妳人生單身的終點站！」

他的告白一樣是直球對決，很直接、很林益全。

我自己本身就不是拖泥帶水的個性，可

能是怪咖對上怪咖一拍即合，我們就是從十一月二十五日那天開始正式交往。

結婚很多年後，我跟益全聊到當時的事，他說：「你這麼漂亮，一定很多人追，以我的工作性質，之後也沒有時間和機會再碰到理想型的女孩子慢慢交往，所以我不想浪費時間，當下就直接豁出去了，我知道有可能會被打槍，但是不出手就只能眼睜睜的看自己出局，只要出手我還有一半的機會成功，因為嘗試了，所以後來我成功了。」

從交往到閃電結婚

交往剛過一個禮拜，林益全就問我：「年底結婚好不好？」

林益全的擇偶目標很簡單，他說他就是要找一個很漂亮的女生、身材一定要很好，個性跟腦袋他不在意，他直白地說選我有點抽福袋的概念，只是他運氣好中大獎了。

他說除了外表以外，他喜歡我不因為有藝人身分就眼高於頂，我同樣也不覺得他是職棒球星就高高在上，這一點我們兩個是很合拍的，因為雙方都用平等心態交往，所以沒有慢熱和磨合的情形，打從一開始我們兩人就都是用真性情在互動。

我們之間可以說是完全的開誠布公，打從交往開始我就跟他說過我以前的交往對象，我希望他是透過我的口中知道我的過去，而不希望是以後透過別人的口吻傳到他耳裡，這樣不但有被隱瞞的感受，還會成為旁人加油添醋的話柄。

因為過去發生的事情造就現在的我，由我自己先告訴你，當未來別人提起的時候你自然也會雲淡風輕，如果雙方都知道彼此的過去還願意選擇共組家庭，那就是自己的選擇，不會在將來成為爭端。

對於我的開誠布公益全也很直爽，他說：「誰沒有過去，我也有前女友啊，過去的情史又不是劈腿，也不是第三者，沒有道德問題。」他那時候真的讓我覺得面對感情他的心態和成熟度都很好，或許真的是值得認真考慮的對象。

二〇一一年十一月開始交往，二〇一二年初他口中就嚷嚷著年底要結婚，我一直以為他是開玩笑的，沒想到他真的是很認真在籌畫。

有一次他又提及年底要跟我結婚的事，我滿口：「好好好！」的敷衍他，然後半開玩笑的說：「那你先跟你爸媽講啊。」沒想到他真的跑去跟他爸媽講！說自己有交往一個演藝圈的女孩子準備要在年底結婚，益全的姊姊聽到對象是誰以後就跑去Google「林家嘉」，自然就看到了我以往在演藝圈的經歷和作品，全爸和全媽知道以後氣瘋了！

當時我人在香港工作，跟益全通電話時，聽他口氣吞吞吐吐的說：「我現在不太方便講話，我爸媽知道我們交往的事情很反對，特地從南部搭車要上來罵我……」

他說等他爸媽罵完他會再回電，但可能要等比較久，我當時在國外聽到這個理由覺得很扯，直覺是他應該有別的女人，可能只是找個藉口想分手，應該過不了多久就會打電話來說要分手了吧。

後來在我認識益全的爸媽以後我才知道，他們家長輩是在講重要事情時候不喜歡透過電話，一定得當面說清楚、講明白的風格，那天他爸媽真的特地從南部坐了兩個多小時的車上台中來罵林益全，明確傳達他們反對這段感情。

益全是一個家庭觀念很重的人，他和爸媽間的關係很緊密，親人的意見對他的人生重大決策是很有影響力的。當初要不要打職棒猶豫再三，其實也是因為全爸覺得他在台電的工作和待遇，相對職棒環境而言更有保障，所以強烈反對他去職棒挑戰待遇和名聲三級跳的美夢，因為台電是已經裝在鐵飯碗裡的，而職棒的卻是看得到但不一定吃得到、吃得到也不一定能吃得久的一碗飯。

當初林益全說要打職棒也像跟我提結婚那樣，三不五時就跟全爸說要打職棒，有一次全爸拿著鐵鎚在敲馬達時，益全又舊事重提說要打職棒，全爸當時火大的說：「你再說要打職棒，我就拿這支從你頭上敲下去！」

他們父子的感情很好，全爸氣頭上的話當然不能當真，就像當初他反對益全和我交往時也曾經說：「要這個女友就不要繼續當我兒子。」他當然只是氣話，並不是認真要跟他兒子脫離關係。

林爸爸有一個很好的優點，他的原則是，如果你要做一件事，必須明確說得出自己做這件事情追求的目標是什麼，而不是盲目說「不管我就是要」，只要能給他明確的理由，即便他本來反對，他也可以支持你的決定；林益全也不是那種耍任性的孩子，碰到長輩反對的事情，他不會盲目地說「我就是要」，他真的會給出他要做這件事的具體理由。

像是打職棒這件事情，全爸問他：「你到底為什麼要放棄台電去打職棒？」

益全回答：「因為我想要開雙 B 的車。」

聽到他說出這麼具體的目的，全爸也肯定他真的知道自己要什麼，也就不再反對他打職棒了！當然，真的非常感謝徐生明總教練當年的三顧茅廬，展現了極大的誠意到益全他們家多次拜會，請他出來打職棒，又在加入球隊以後給足了益全表現機會，益全也沒有讓他失望，這是後話。

當碰到爸媽以斷絕關係作為手段反對我們交往的時候，益全選擇不忤逆父母，畢竟家人是永遠的，兩個小時後他打電話來告訴我，「我爸媽反對，所以要暫時先分手」，以我的個性，當然也是瀟脫的同意，只是當時我覺得他是見異思遷，找個理由要分開而已。

雖然名義上分手了，但那段期間我們還是有互傳簡訊，在我結束國外工作回台灣時，他說他要來機場接我回家，我想說他真的是吃飽太閒，幹嘛特地從台中來桃園找我然後再陪我回台中，結果他還真的來接我了，那天他來機場接我以後陪我一起去吃飯，他告訴我說他思考了很久，他不想管他爸媽是不是反對了，他就是要跟我在一起，他已經認定了，他要像當初說服全爸讓他打職棒一樣說服父母親接受我。

就像之前一樣，林益全和他爸爸坐下來詳談，全爸秉持既往的風格問道：「請你給我原因或理由，到底為什麼你一定要跟這個女生在一起？」益全也維持一貫的直白風格，直接挑明了跟全爸說：「因為她長得漂亮、身材好，這就是我想要的！」

一樣具體和實在的理由，林益全再度說服了他爸媽，然後安排了一次我和他們全家人見面的機會，那天我一個人單槍匹馬下高雄和益全的家人們見面，像開會一樣聊了兩個多小時，也把握那次機會讓他們認識他們兒子口中的這位「理想女人」。

我記得那天全媽跟我說：「你跟益全在一起要想清楚喔，他現在是負債捏……」

我先是一愣，然後委婉地問：「是……什麼樣的負債？」

「他有車貸和房貸要付啊。」全媽回答。

原本有點嚇到的我，以為是什麼不為人知、需要在交往前先打預防針的債務，但對我來說，只有賭博跟吸毒造成的負債是我絕對沒有辦法接受的，我回答林媽媽說：「車貸和房貸對於我們來說其實不是壞事，反而可以趁年輕的時候給自己正向壓力，有置產壓力才會刺激自己在工作上努力求表現。」

現實社會對物慾的追求，確實可以驅使人類更努力表現，這一點益全真的可以說是最佳典範。

就是當時這一番對話，徹底扭轉了益全爸媽對我的看法，他們不再存有「演藝圈的人不是很亂就是很奇怪」的刻板印象。他們家的人也真的都　樣妙，一旦認定一個人以後就絕不拖泥帶水，我大概是二〇一二年春季和他爸媽見面，而後兩位長輩就開始緊鑼密鼓的籌備益全和我的婚事，在五月多的時候，益全跟我說他爸媽連婚禮的酒都買好了！

喔，對了！在擺平他爸媽之前，林益全也擺平了我爸媽。

在短暫分手又復合之後，益全還是念念不忘年底要結婚的事，但就算能說服自己的爸媽，如果女方家長不同意他也沒戲，所以二〇一二年初，他穿著西裝畢挺，單獨跑去我家提親！

那天我家就他一個人穿的最正式，我弟穿著拖鞋出門迎接他時心裡想：「這個人也太浮誇了吧？」但其實從一個人的服裝，你就可以感受得出他對這件事的重視程度，他是真的很認真的。

我媽是從小看紅葉少棒的那種球迷，而我爸爸因為知道我和益全交往，也大概知道中華職棒有林益全這號人物，他們對我這個交往對象沒有抱持什麼反對意見。

那一天林益全在提親的時候說出來的話我到現在都記憶猶新，他慎重嚴肅的跟我媽說：「伯母，我希望可以跟家嘉結婚，以後妳女兒的下半生就交給我照顧了。」

我在心裡噗哧了一下，然後笑著說：「啊下半身你照顧，上半身我自己照顧喔？」看到我在笑，他才訕訕的發現自己措辭不對。

我爸媽對我們的交往沒有意見，只是我媽很詫異的問：「不是說才交往沒多久而已？」後來她也只是提醒我們：「年輕人剛認識，交往沒多久，不要太衝動下決定。」但看益全的心意很堅定，他們也就沒再提出異議。

兩家人欣然同意的情況下，益全對我的「求婚」，就這樣從日常閒談變成了現實。

我們要結婚時，剛好碰到興農牛打算轉賣球隊但消息尚未曝光的時候，興農牛的老闆楊天發董事長一直都很喜歡益全，從網羅他入隊以後就一直很積極培養他成為球隊的未來希望，當時接近年底婚期，益全親自去向球隊高層報喜，結果球團私下跟益全透漏，希望他婚禮不要辦得太隆重，怕他花太多錢，因為球隊到底有沒有新公司會接手還在未定之天，如果真的沒人買球隊怕是只能解散的話，擔心益全籌辦婚禮花太多錢會有經濟困難，

關愛之情溢於言表。

我和益全都崇尚簡單，在籌辦婚禮的想法也是。沒有鋪張的排場和複雜的儀式，形式做到就好，無論是拍婚紗、挑婚紗照都很順利，全爸全媽本來還擔心我用女明星的標準和規格挑婚紗照會有抉擇困難，結果我在二十組照片額度還沒用完的情況下就完成挑片，一點選擇障礙都沒有。

我和益全的婚宴當天有個小插曲，有娛樂線記者打電話跟我約要來婚宴現場報導。從事演藝工作以來，我對於媒體記者很尊重，無論報導內容好壞，都得感謝媒體願意曝光；如果得罪了媒體，別說被寫負面新聞，只要他們不願意報導，也會讓你無形間少了很多機會，所以有媒體願意報導，我當然欣然同意。

當天記者來到婚宴現場，迎賓的工作人員聽到來的是記者就把他們拒之門外不給進去，結果記者和攝影帶著怒氣忿忿地離開，我是在新娘房梳化準備第一次進場前才得知這個消息，一方面我覺得對人失禮，另一方面也擔心得罪媒體會被亂寫，所以我在披著白紗進行第一次進場時其實內心是很不高興的。

一般新娘一進儀式後會在主桌等上幾道菜以後才回新娘房準備，結果我因為心情不好，坐在主桌不到五分鐘，一口飯菜都沒吃就轉身回新娘房了，益全看到以後也傻眼，只好趕緊跟著我進去了解狀況。當時為了這件事情我們也有點小爭執，益全說他不知道這件事，接待人員有些只是鄰居來幫忙，搞不清楚狀況也很正常，他安慰我不要生氣，在我們都稍微冷靜下來以後，他倒了紅酒給我，我們倆就在新娘房裡喝起來了！到二次進場時，我們都喝到微醺，也因為這樣，益全後來在婚宴上唱歌的表現比較放得開，一場小風波化為無形，現在念及也是有趣的回憶。

新婚人妻適應期

我和益全從交往到閃婚不過一年，相處的時間真的很短，沒有經歷過同居磨合，直到婚後馬上就要過從早到晚同處在一個屋簷下的新婚生活，對於過去習慣獨來獨往的我來說，確實剛開始有點難以適應，像是睡覺的時候在床上翻來覆去會打到另一個人啊，或是早上半夢半醒間被嚇到心想：「旁邊怎麼會有人！」稍微清醒一點才想到：「啊，對吼，我已經結婚了吼！」

但我的個性，就是一個很重視角色定位的人，學生時代專心做好學生的本分，結婚以後當然也是如此，我現在的角色是人妻，我就會努力做好。

在籌備結婚時，我就在心態和工作上做調整，我減少了國外演出的機會，大部分的時間都待在台灣，為自己轉換身分、融入新家庭做好身心準備，加上之前在國外工作時認真的存了不少錢，邁入新婚生活後也不需要跟老公伸手，比較不會有所謂的新婚焦慮症。

你眞的是公眾人物嗎？

從自己是個公眾人物，到嫁給另一個公眾人物，讓我訝異的是雙方工作領域對於形象的要求不一樣。以前經紀公司給我們的教育方式是：「你是公眾人物，出門就是要乾淨、整齊，髮型沒處理至少要戴帽子，沒化妝就要戴口罩。」外在儀態和給人的觀感很重要，但是林益全完全顛覆了我對公眾人物的印象。

有幾次益全跟我出門吃飯，他穿著拖鞋就跟我說：「好了，走吧！」我驚訝的問：「你穿拖鞋就要出去吃飯喔？」吊嘎、短褲和拖鞋常常出現在林益全外出時的穿搭上，職棒選手不是不修邊幅，只是因為他們平常工作時真的太過緊繃，工作外的日常生活真的會想要愈輕鬆愈好。

有一次益全和我出門倒垃圾，碰到一個剛好是中華職棒球迷的鄰居，他驚喜地說：「哇！是林益全耶！你也住這個社區喔，請問可以跟你合照嗎！」我幫他們合照前，益全悄悄的跟我說：「不要拍到下半身喔……」因為他的下身穿著短褲和拖鞋。

相處久了，這類例子看多了，有時候我真的受不了，建議他出門至少穿個牛仔褲和T-Shirt，但他還是不習慣；後來我建議他：「你想輕鬆點穿短褲出門也可以，但至少穿著NIKE那類比較有設計的運動褲，可以兼顧你的需求，看上去又像是穿搭風格，球迷對你的觀感不會覺得你不修邊幅。」

益全是天蠍座，他的個性是很固執的，建議如果是命令式的，只會讓他更叛逆反抗，但如果能找到邏輯和方法，用道理說服他，益全一旦接受你的觀點，他做出改變的速度也

會比別人更快，他的這個性格對他後續職業生涯的影響也很大。

剛結婚以後，我還有一個比較不能習慣的就是稱謂問題。從小到大我習慣了我叫林家嘉，別人也都叫我林家嘉，結婚以後，忽然路上開始有人叫我「全嫂」，剛開始我還不知道對方在叫我，所以沒有反應過來，直到他又對著我叫了好幾次，我才驚覺原來「全嫂」是我的新稱謂。

後來我去念EMBA的時候，別人幫我引薦時也常會說：「這位是林益全的太太」，可以理解因為益全的知名度高，所以這樣介紹認識很快，但我也都會笑著回答：「叫我家嘉就可以了。」結婚以後，我們還是有個人的身分，在被稱呼或被介紹的時候，我覺得介紹自己的名字就可以了，對我而言，女人結了婚以後角色定位雖然有所轉變，但我依然都還是我，並不會因為結婚就成為另一半的附屬品。

最近幾年在社群媒體或談話節目上，我開始被稱呼為「家嘉姐」，這是球迷朋友和媒體圈在知道我幫益全做了哪些事，重新認識我以後對我的新稱謂，這樣的稱呼讓我很自在也很快樂，這是一路以來的努力被人肯定、以自己的身分重新被認識的象徵。

第二部

共同的夢想，
奮而前行的
熱情守望

第 3 章

成為夢想的守望者

人生在不同的角色扮演過程中，我總會擔心自己跟不上同儕的進度，所以習慣未雨綢繆預做準備。

小學起自發要求去補習，希望自己的成績不要落後給同學，人生的劇本我喜歡按部就班，人生規畫和角色定位也很明確，也確實只要我設定好目標，朝那個方向做出努力，我的目標後來也都能順利實現。

年輕時我就預計三十二歲要結婚，結果也確實在三十二歲那年成家，當時我把演藝圈的工作都做好收尾，也是因為我覺得既然身為人妻，我就想要專心生小孩了。結婚以後我就在期待懷孕的那天，結果一個月，沒有、兩個月，也沒有！我覺得很困惑，就決定去看婦產科諮詢到底是哪裡有問題。

我跟醫生說，我結婚以後一直沒生，擔心自己是不是不孕。

「你結婚多久了？」醫生問。

「兩個月，」我說。

「兩個月!?」醫生啞然失笑：「如果結婚兩年沒懷孕妳再來看啦！」

以前看電視劇情演的好像懷孕很容易，常看到什麼一夜風流或露水姻緣以後就中了，所以我一直以為懷孕是很容易的事情，也是親身看過婦產科以後才知道其實懷孕並不是這麼簡單；但是說來也奇妙，在看完婦產科的下個月，我就懷孕了。

守望起點：尋找共同話題

我並不是一開始就是棒球通，我和一般球迷一樣剛開始也看得似懂非懂，會跟益全開始討論棒球，並漸漸地從旁投入協助，也是因為懷孕期間閒閒沒事做，想要和老公有一些共同話題才開始的。

我跟益全都不是羅曼蒂克的人，加上我做事比較講求效率，買東西向來講求「快、狠、準」，我發現自己需要什麼，找好目標就出門買，買完馬上就回家，比較少花心思在逛街、吃飯、看電影這類休閒娛樂上，孕期剛開始的前幾個月，我和益全也沒太多關於孩子的話題可以聊，新婚生活又要適應長期共處同一個屋簷下，我就想著，既然自己本科系是學財金和統計的，對數據研究也有興趣，不如就跟益全討論棒球數據的相關分析，這樣夫妻生活也多了一個共同話題。

「我覺得以你的成績應該要能夠挑戰單季四成打擊率和兩百支安打。」我研究益全生涯前期的數據和他的打擊型態以後跟他說。

「不可能啦！中華職棒二十幾年來都沒有出現過任何一個單季四成和兩百安打的打者，我有那個成績早就出國了。」當時他大笑回應。

那時我對棒球數據還似懂非懂，純粹是用理論推估，看他的反應，我想我應該真的太外行了。在當時我也不敢確定這是不是中職打者能夠挑戰的目標，所以就暫且放下。

雖然沒有前人達成過，但依照他的打擊特性，我是很認真覺得年輕時的林益全可以朝這個目標努力。直到後來同為左打、打擊型態也和益全相近的王柏融出現，驗證了中職有打者可以打出單季四成和兩百支安打，益全才發現我的推論似乎有道理。

因為希望能夠驗證自己的想法，我需要大量的資料佐證。二〇一三年是益全在義大犀牛隊的第一個賽季，我看了他一百二十場的例行賽，而且每一個打席、逐球的投打對決全部詳細觀看並且記錄，孕期的準媽媽是很有時間可以運用的。

我除了看投手球種、投球進壘位置外，還有投手在不同狀況下對付益全會用哪些球種和策略，而益全最終是放掉、追打、揮空，還是確實擊球，我統計這些不同情景下的打擊結果，提供益全做參考。

我當時不知道這就是所謂的「情蒐」，純粹只是打發時間和尋找共同話題，到後來數據累積得愈來愈細，跟益全分享時還有讓他「預習」明天先發投手的效果。

我盡可能把觀察的結果量化統計，每天睡前和益全討論讓他有個印象，雖然統計學不是百分百，但至少對手有高機率會沿用相同模式，這時情蒐就會派上用場。當然，情蒐要能幫助選手是建立在選手能力夠強的情況下，雖然有點自誇，但我老公確實是能隨機應變的好打者。

十幾年前職棒的時空背景礙於設備、人手不足，數據研究觀念也還不普及，情蒐主要就是拍攝球員投打對決的錄影帶讓選手反覆觀看；益全跟我說，因為拍攝角度不好，影像裡有時只能看到選手的屁股，內容不完整幫助也不大，後來隊上幾位天賦較高的球員寧可不看錄影帶，直接臨場發揮。

我做研究的初衷真的沒想過能幫助他的打擊表現，和一個棒球狂的老公同處一個屋簷下，我純粹只想尋找夫妻間的共同話題，而且我在家中看電視的角度，遠比在現場看的更清楚、全面，從這個契機為起點，我似乎在無心插柳的情況下，逐漸成為益全職棒生涯上的協力夥伴。

目標月薪五十萬！

朋友常說我有「幫夫運」，但我覺得關鍵點是因為我們碰上中華職棒環境轉變的契機，當那個時機點來臨時我們有敏銳度並且掌握住了。婚後我初次碰到需要運用所學專業來協助益全的事，就是他的新合約洽談，二〇一三年興農牛隊確定轉賣，義联集團接手球隊經營，為陣中指標球員的益全迎來了新的加薪契機。

那時台灣職棒圈還不時興運動經紀公司，益全與農牛時代都是自己跟球團談薪，在籌備婚禮過程中剛好碰上球隊轉賣給義大，益全在聊天時問我：「怎麼談薪水會比較好？」

對我來說，妻子的任務很單純，只要丈夫好、家庭好，我就一切都很好，益全的薪資不僅關乎他個人，也關乎我們整個家庭的福祉，既然益全需要協助，我就幫他看數據、做功課，然後分析他的工作調性和評估環境風險，根據當時的市場行情和益全的生涯曲線提出建議：

「你的合約一定要朝複數年談，月薪也可以爭取五十萬！」

益全新人（二〇〇九）年的時候月薪是十一萬，二〇一〇年加薪到二十三萬，但因為當年打進總冠軍賽後被橫掃，全隊都被扣薪，球團也不管他例行賽成績好壞，直接發薪資條告知扣薪。

隔年月薪降到十九萬後，他跟興農牛領隊商談，領隊同意只要他二〇一一年上半季就打出一百支安打，就讓他加回原本的月薪，領隊大概覺得這是不可能達成的目標，沒想到益全真的達成了！在興農宣布要轉賣球隊的前兩年，他的月薪大約都在二十三萬之譜，我提出爭取複數年合約和五十萬月薪的條件，等於是要他在年限保障中還拿到月薪倍數成長！

複數年合約是尋求未來保障的概念他懂，但益全不能理解他為什麼可以爭取五十萬的月薪？他一開始就認為這絕對不可能，因為當時中職的環境談加薪幅度還要納入「年資考量」，也就是要看你打了幾年職棒。

「我新人年就拿了六個獎，還拿到年度ＭＶＰ，我那時候就跟球隊要求從十一萬加到三十萬，結果球團根本沒人理我。」

球隊告訴他，新人不可能因為成績好就身價飛漲，要年資累積多久以後才能洽談相對

應的漲幅，所以他也一貫認為自己打完四個賽季以後，月薪不可能從二十三萬直接倍數成長到五十萬。

但就我的認知而言，我覺得這個邏輯說不通。

「你們職棒球員就像業務一樣，是看績效說話的，你有實力、有成績，就應該把握成績好的狀況，憑藉表現爭取應得待遇，而不是談判時還要考量當時年資多少，老鳥業績掛零但薪水高、菜鳥業績好卻薪資漲幅受限，這是不合理的。」我分析他的工作調性給他聽，並接著對他說：

「你就算今年打再多安打和打點，明年新賽季開打一樣從零開始，所以更應該把握高績效賽季爭取好薪資，而不是等待來年年資積累但數據卻不一定更好的情況下才去爭取。」他也慢慢接受了我的論點。

當時中職歷史上剛打完四年的新秀，沒有人可以翻倍到四、五十萬的月薪層級，但我幫他剖析這個開價的邏輯，這是以往中職頂尖球星打出生涯顛峰成績時曾經擁有的薪資待遇，並非超乎常理的漫天喊價。

當然，選手有多厲害不是憑藉著一張嘴巴自己說，就像過去我們在對客戶提案一樣，我也知道要說服球團拿出更多的誠意，我一定需要提出數據資料佐證，而且談約當下我不會在現場，我必須教會益全臨場時該怎麼幫自己講話。

我跟著益全一起做功課，列出過去中職歷史上曾經達到四十五萬以上月薪的球員成績資料，以PPT簡報的形式呈現，用圓餅圖、歷年成績趨勢圖，幫助他在與義大犀牛談薪前把功課做好。

我判斷當時的情勢，新球團接手是益全爭取待遇的大利多，義大以新球團姿態入主球隊第一年一定格外重視輿論和形象，屆時指標球員的薪資公佈會是宣傳重點，益全以往在興農牛的成績都很好，也才剛要邁入選手生涯顛峰期，於情於理都應該把握良機爭取突破加薪限幅，但我們想做前人未有的創舉，也勢必會招來周遭非議。

當時他的隊友也有人取笑他開價五十萬，因為早期的觀念普遍就是如此，認為他的年資不可能談這樣的薪水，別說隊友、球迷酸他，連益全的爸媽都直呼：「啊這不可能啦、哩麥亂啦！不要獅子大開口把人家嚇跑了。」在當下那個情景，我以身為媳婦的身分，和公婆的看法相左時不能說沒有壓力，要妥協、順著眾人的觀感去做事情當然是最簡單的，但我堅信這不是不合理的價格，從歷史資料上看，彭政閔過去就有拿過五十萬的月薪、潘武雄也有達到四十餘萬，益全的成績絲毫不輸給這些選手同年齡及拿到這個月薪時的賽季表現，我們並沒有要求比他們更高，只是爭取薪水同級而已。

第一次與義大犀牛洽談時，球團很快達成了複數年共識，但月薪價碼跟我們預期的有落差。

當時義大調整過後的出價是二〇一三至一五年三年複數年約，逐年月薪為四十、四十五、五十五萬，益全當時看到這個數字，他想這個條件跟原先設定的目標其實已經很接近了，到底要不要繼續堅持？他有點拿不定主意，於是他以尿遁為由，到廁所打電話給全爸問問他的意見，益全的爸爸當時正騎腳踏車返家，聽到球團開出的條件趕忙說：「有這種條件就趕快簽一簽啦，不會再比這個更好了。」

益全立即又撥電話給我，我聽完以後叫他要堅持，我告訴他，如果球團已經能開價到這個程度，那他們的底限一定能達到五十萬，於是益全拿定主意，再次回到辦公室和球團協商。

全爸在騎車回家以後，聽說益全還沒簽約便大發雷霆，連珠炮似地一直罵：「我真的不知道你們在堅持什麼，不要太貪心結果原來的條件也拿不到。」但我比任何人都相信益全的實力，深知他未來具備長期投資的潛力，也認為在當時的客觀環境下，這個開價確實有實現的空間，我的心比所有人都定，耐心的守在電話旁，靜待益全談判的結果。

當時義大球團的人事、人資都來談過，還在白板上持續畫著公式，跟益全解釋為什麼他們的調整價格比較合理，而益全也委婉但堅定的告訴他們我們的開價邏輯，就在雙方還在拉鋸的時候，義联集團的林義守創辦人親自走進辦公室，來看看和益全的談約進度為何還沒確定，就在人資還在白板寫公式的時候，林義守在旁一直靜靜的看著我做給益全的分析報告資料，然後他打破沉默：「他要的條件，直接給他。」

就這樣，林義守創辦人一錘定音，三年複數年合約，四十五、五十、五十五萬的逐年月薪，平均月薪正式達到五十萬，也突破了中職年輕選手的加薪限幅。益全跟我說他當時超級緊張，本以為林義守開口後會否決，沒想到他比任何人都爽快。

身為一個成功的創業者，林義守創辦人有獨特的氣場，跟他相處過的人可以明顯感受到他身為企業主的霸氣，言談從不拖泥帶水。他觀察人有獨特的敏銳度，求才若渴又擅長識人，身邊聚攏了許多頂尖人才，他看過我幫益全準備的資料和他的成績以後，肯定了益全未來的發展對義大犀牛會是絕佳助益，所以二話不說就拍板定案。

薪資議定，球季順利開打，某一天林董透過義联集團的律師邀請我去找他們開會，在會議上他對我說，他從我幫益全準備談約的資料起注意到我們夫妻，後來幾次在球場觀察也覺得我跟球迷的互動很不錯、很具親和力，他問我要不要進球團工作，我告訴他我不懂棒球，他說沒關係，我只要願意去，他會幫我安排適合我的職務。

我很驚訝！以往我跟林義守先生沒什麼互動，沒想到他會對我提出工作邀約，在當下我感到興奮和能力獲得認同的成就感，但後來幾經思量後我決定婉拒這份邀請，我認為若是我進入義大球團工作，無論身處任何職位都會讓益全遭受非議，將來他獲得怎樣的機會或待遇，都可能被說成是因為內部有人關照，我進球隊工作非但無法幫他加分，反而會成為他邁向顛峰的阻力；但我至今仍感謝林義守創辦人對我們夫妻能力的肯定，當年他覺得我能勝任職業運動領域的工作，讓我未來在各面向協助益全的職棒生涯時增添了不少信心。

人際關係的課題

當年義大犀牛開給益全這張破天荒的合約，讓他突破新人加薪框架，在隊友間難免會有雜音，也有球員竊竊私語說：「這是扣

我們的薪水來加他的吧。」

當時益全告訴我隊友間有這樣的微詞時，一開始他還說：「要不然我直接去跟他們解釋，說不是扣他們的薪水來加我的？」

我跟他說：「你不用這樣做，也不要想太多，只要是大幅加薪，一開始周遭的氛圍一定都是這樣，話不用多說，靠實力證明就好。」我認為職棒選手跟業務一樣，不需要用嘴巴反駁，多說話只會愈描愈黑，益全要做的只有一件事，就是繼續繳出好成績，只要做到這點，雜音就會消失。

人際關係是不同性格的碰撞結果，與人的互動是益全職業生涯中永遠的課題。

益全不擅長社交，話很少，面對群眾沒辦法侃侃而談，但他很會闡述自己專業面的內容，他的解釋深入淺出，可以讓沒打棒球的人也聽得懂。

像他這樣話不多的人，更擅長默默從旁觀察別人，而且看的很透徹，我聽過他跟我分享他看年輕選手的使用說明書，分析這些選手們的狀況和他們可能將面對的問題，我後來常看益全提過選手的後續發展，去驗證早先他跟我分析的內容，讓我訝異的是，事實證明他往往能切中該選手的狀況。

益全的安靜，伴隨而來的還有他的高專注度，狀況好的時候他可以隨心所欲，想都不想就出手打出好結果；低潮的時候雖然他也會鑽牛角尖，但在環境正向健康的前提下，他低潮調適速度是很快的，鑽牛角尖的習慣反而可以強迫固執的他去思考「什麼改變和調整對我是最好的」，這讓他可以很快找到方法走出困境，這也是為什麼他興農和義大時期幾乎沒有很長低潮期的原因。

個性的雙面刃

陽光照耀處必伴隨陰影的出現，益全性格上的優缺點對職業生涯的影響也是兩面的，他的優點是專注，在專業領域可以展現驚人的專注力，而缺點是他會較為嚴肅、固執和一板一眼。

固執，源自於對自己的專業有絕對的信心，如果你要挑戰他專業裡的既定認知，必須有足夠的說服力，除了要有數據，還要有聰明的溝通技巧，我跟他認識後逐漸感受到他性格的優缺點會對他職業生涯造成的正、反面影響，要說服他改變，我必須找到原因、方法跟他溝通。

在職場上的嚴肅和一板一眼發源於原生家庭，益全的家庭教育對他的影響是深邃的，全爸是日式教育觀念很重的人，他給益全的觀念是「你在外面嘻嘻哈哈都沒關係，一旦踏進球場就要拿出態度，要有工作時的樣子。」

從小到大，益全就是在這種「日式匠人態度」的觀念下成長，到他進入職棒後也自然而然地認為自己進球場就是要工作的，進球場以後不能鬆懈、不能有太大的情緒起伏，這種拘謹的風格，也直接反映在他的臉部表情和給人的印象。

他的外表本來就不具備親和力，加上面無表情和嚴肅的態度，讓他不管面對球迷、媒體、球團工作人員甚至隊友，都會覺得他臉超臭，久而久之大家都會想：「他應該不好相處」或是「他可能心情不好」，自然而然大家就不敢、也不想主動與他互動，這也造成他社交方面的問題。

益全是一個有輕微社交恐懼症的人，以前他身處人多的地方就會不知所措，不知道自己該做些什麼，也無法展現一般人常有的互動模式，加上他在初入職場後的部分經歷，更加深了他不想在球場外與人互動的意念。

加深社交恐懼的經驗

益全在職棒新人年也會應邀和前輩出去聚會，像是偶爾小酌或唱歌他也都會跟，但身為後輩的他卻常常要在聚會後為大家付錢買單，只因為他是備受球團矚目的新人，待遇比一般選手好。

長此以往，益全忽然驚覺自己居然成了「月光族」，沒存到錢就算了，到了要繳納所得稅的時候才發現自己居然沒有餘財可以繳稅（有些讀者聽到可能會覺得有點誇張，但是是真的，很多職棒選手因為從小到大都在打棒球，真的是打到職棒以後才發現自己原來已經是需要繳稅的族群）。

後來益全真的受不了這樣的狀況，他把所有的薪水都委託全媽來管理，自己每個月只領兩萬當作生活費，就可以身上沒錢為由婉拒場外社交的邀約。

當時的隊友約他一兩次不成，久了之後別人也就不約他了，後來他結婚當了爸爸以後，更順理成章的一比賽結束就往家裡跑，一方面是想小孩，另一方面也是因為新人年的社交經驗讓他有點被嚇到，從那時候開始，益全出球場以後跟隊友的互動愈來愈少。

而益全與媒體的應對困境，也來自於新人時期的誤會。

二〇一〇年，興農牛打進總冠軍賽，賽前轉播單位要錄製雙方主力選手的形象影片，要每個球員說段鼓舞士氣的信心喊話，益全當時不知道自己要說什麼，轉播單位就給他一段設計好的台詞讓他照念，這就是那句著名的：「一棒擊沉！」

當時興農牛在冠軍賽的對手是超級人氣球隊兄弟象，他的口號播出後被象迷解讀成是「這個年輕人嗆聲要一棒擊沉兄弟象」，想當然兄弟象迷群整個大爆炸，偏偏益全那年總冠軍賽成績還打不好，在網路上被球迷口誅筆伐，那次事件以後益全也嚇到了，這個經歷讓他後來接受媒體採訪時格外小心翼翼，逐漸變成了媒體眼中的「很難聊」和「句點王」。

與益全相識到成家，我伴隨他生涯過程經歷過大大小小的風波，我深知他個性的優缺點，也見證到他性格為他帶來的困境，做為妻子，我並非事事都能夠伸出援手，我只希望他能夠在跟我的交流中獲得心情上的緩解，讓他在踏出家門前往球場的道路上，心情是愉快且沒有後顧之憂的，心事的問題解決了，他的路途就順遂了一大半。

益全面對球迷的不知所措起因於他的人群恐懼症，他不知道面對球迷時要展現什麼舉動和說什麼話才是得體可親的，他認為「我跟你不熟，我也不好意思對你笑」，怕別人看他傻笑覺得他很白癡，所以過去面對球迷他常常面無表情。

如何面對粉絲？

我一開始會注意到是因為看到 Ptt 的網友說：「跟林益全講話時他臉超臭，不知道在跩什麼？」說林益全幫人簽名以後也是簽了就走，一句話都沒說，後來有幾次我親眼看過他的確是這樣跟人互動，我心想如果我是球迷，也會認為他怎麼都臭臉，會想：「你打得好就很跩是不是？」如果打不好那更慘，會被說：「你都打不好了還這麼跩喔？」

「你幫球迷簽名都不會笑一笑、說一兩句話嗎？像你這樣簽名，我是球迷的話沒把球丟回去給你對你算不錯了。」有一次看他跟球迷互動後後我忍不住問他。

「我又不認識他，不知道怎麼對他笑，他不會覺得我這樣莫名其妙對他笑很像白癡嗎？」他說。

「不是要你傻笑，是微笑！也不是要你跟人家閒話家常，就是簡單的噓寒問暖就可以了。」

我認為球員和演藝人員的本質其實很類似，粉絲對我們而言是很重要的，如果沒有支持者，我們就失去了登臺的意義，就算我們有再好的技藝，面對空蕩蕩的觀眾席，也無人可為你歡呼喝采。一場棒球賽時間這麼長，願意買票進場看球、賽後還留下來等選手簽名的球迷都是超級死忠的支持者；台灣棒球季期間，不是常碰到夏天爆熱就是梅雨季節、颱風天下整晚讓比賽打打停停的陣雨，球迷賽後還在場外守候真的非常辛苦，選手的簽名和一句簡單關懷，對他們的意義非常重大。

我覺得對這些苦苦守候的球迷而言，讓他們觀感最差的不在於不願意為他們簽名，而是你一言不發的就走；我常跟益全說，你如果有無法簽名的狀況，有理由可以當下就跟球迷說明，多講一句話真的不會耽誤多少時間，像球隊集合時間到了、巴士要開車了，你經過時多說一句：「不好意思，我現在趕著集合，我下次有空一定幫你簽。」不講理

的球迷真的是少數，他們都是來球場等你整天的支持者，你有難處真的要講，真正的球迷都可以體諒，如果你不講，他們就只會感受到冷漠。

「就算不認識，也可以禮貌回應。」

在益全體認到這點後，後來他在應對球迷時更懂得加入一些表情與關懷，這種練習就是熟能生巧，一開始是勉強自己去演，演久了以後就會慢慢變成發自內心的自然反應。現在他在幫球迷簽名時已經可以自然的面帶微笑，離開球場時看到有球迷在場外守候幫他加油，他也可以自然回應：「謝謝你們，下雨天，回家要小心喔。」

對球迷而言，選手能做到這樣一句簡短的

關心，球賽的內容他們或許不見得會記的一清二楚，但你對他們的好，他們會永遠放心裡。

「益家人」後援會的成長茁壯

益全的後援會經營，是從點連成線，再從線匯聚成面的努力過程。

我觀察過益全的支持者組成，比較少追星族，可能真的是長相吃虧，因為不是偶像派，所以他的粉絲族群真的有驚人的相似度，以男球迷居多，看球很久，懂看門道、專業，以欣賞選手技術面的棒球迷居多；還有另一個組成大宗是家庭族群，有把益全當作自己兒子的媽媽，也有從年輕時就支持興農牛，發掘益全後一路支持到自己也成家為人父母，再帶全家人一起進場支持的資深球迷。

義大犀牛成軍的第一年，我就在思考益全怎麼沒有粉絲後援會？只要沒有組織化，球迷的支持度就沒有辦法凝聚起來讓應援效果最大化，這個問題開始放在我心裡，直到有一次和義大犀牛的行銷主管聊天，他提出想幫益全組織後援會的想法，我也覺得這樣可以讓球迷更認識他，不會只停留在以往對他的刻板印象，還能透過後援會舉辦定期活動，用更有效率的方式讓大家認識真正的林益全。

也就是在這個契機上，義大行銷主管引薦了一位重要的球迷來當益全後援會的會長，他叫王小名，在興農牛時期他就是是北部啦啦隊的隊長，後來也延續到義大犀牛時代，這位行銷主管與王小名是多年的好友，他引薦了小名，並把整個後援會的籌畫重任交給他，而小名也真的做得非常好，我們在後援會成立以後，每年都會舉辦一年一度的球迷會，有做過兩天一夜的，也有單日的活動，讓會員們印象深刻的一次，是包下洲際棒球場，讓會員們分組在球場比賽對戰，還比照職棒模式，上場時在大銀幕放上會員的照片，以及播放登場應援曲，甚至找來球隊賽事活動的ＤＪ劉老師共襄盛舉，以介紹球員的規格介紹上場比賽的會員們！只要辦活動，益全就會全程和所有球迷一起互動、參加比賽、玩遊戲，球迷們也因此快速認識了益全親民的那一面。

我在工作上信賴專業，也充分授權讓專業人士運作，後援會會長和幹部們在經營球迷上真的是有口皆碑，所以我很放心委託他們處理，並讓自己作為協助他們聯繫益全的窗口，只要活動內容、商品開發和社群言論不影響球員和球團，我都全權讓他們去做，在專業且互信的基礎下，益家人這個組織壯大成為義大犀牛時期最大規模的選手後援會！

我們在球季間曾在滿漢席與一百多個會員一起包場看球，當天益全還敲出全壘打，他打完全壘打沒進休息室，反而抱著全壘打娃娃往牛棚跑去，全場攝影機都聚焦在他身上，只見他跑到牛棚以後，把全壘打娃娃丟給坐在滿漢席的我，以往在日常生活中沒有太多浪漫舉動的丈夫，踏上球場後忽然化身為超級英雄，他的舉措讓我非常感動，那個時刻也是我在球場中最美好的回憶之一，想當然現場整個後援會的氣氛也嗨到最高點！

真的很感謝所有幹部，幫助益全建立這麼好的後援會，我們現在的幹部也都有共同信念要把後援會維繫住，也一直在等待創始人恢復健康以後，再把這個組織交給他繼續經營。在疫情期間，我們曾經停辦的年度球

迷會活動，在益全加盟統一獅以後，我們會再次開始續辦，期待能一直辦下去。

媒體應對練習

每當職棒出現超級新人時，他都會有一段成為媒體寵兒的蜜月期，益全也不例外，但他的蜜月期卻比其他人短得多，因為他從以前應對媒體就是句點王。

記者問什麼，他常常只回應單字或單詞，「是、對、好。」就算能講出一段句子，也大多是制式回應：「就平常心啊、順其自然啊、球季結束就先陪家人、休季期間先自主訓練啊……」

這種回答既無聊，也讓記者很難完成工作，媒體面對這種球員不是放棄採訪，就是用自己的解讀去完成報導，這樣受訪很容易被曲解原意，也沒有達到幫自身加分的效果。

另一方面，益全其實比較喜歡懂棒球的記者，問他較為具體且專業的問題，他如果覺得這個問題很有 sense 也切中要害，他會願意多說一些，但如果碰到對方問他比較空泛或表面的問題，他的回答也會比較敷衍，讓人啼笑皆非。

二〇一九年上半季的尾聲，我在臉書上分享過一段對談，益全跟我說有人來問他。

A：「神全，可以請問你一個問題嗎？朱育賢平高國輝的半季二十轟記錄，他們兩個打擊上有什麼不一樣的嗎？」

神全：「一個左打，一個右打啊。」

A：「……」

A：「那王柏融和朱育賢有什麼不一樣嗎？」

神全：「一個在火腿，一個在 Lamigo 啊。」

A：「……」（不死心繼續問）

A：「神全，那你目前全壘打十四轟，平十年來半季最多轟的記錄了，下半季你要怎麼打？」

神全：「繼續用球棒打……」

這樣的問答其實傳達出雙方的問題，益全心想的是：「為什麼問我這個？我跟他們又不同隊，真的很難客觀的分析。」面對跟自己沒有切身相關的問題，益全不知道如何評論也不方便評論，這是提問者沒思考到的，而益全的問題在於他也沒有很巧妙的去轉換問題來回答，讓自己和對方都有台階可下，乃至於雙方尷尬收場。

這類無言結局的採訪案例看多了，我就覺得勢必要做出改變，對內我需要改變益全的應答方式和態度，對外則需要修補已被破壞的媒體關係，有一個絕佳的契機就是我生小孩以後要送彌月禮盒的時機。

我自己待人處事的觀念是「禮多人不怪」，加上長年觀察益全與媒體間的互動，我都覺得他是得罪人的一方居多，生涯前期他在記者心目中的評價應該是「臉臭」、「句點王」、「難搞」，對我這樣過去在職場就算被寫到體無完膚都還要感謝媒體幫忙曝光的人而言是難以想像的。

我判斷他當時應該得罪不少媒體，依照我自己在演藝圈的經驗，得罪媒體別提他要不要刻意修理你，光是你有好的事情他不幫你曝光對你而言就是損失，要修復媒體關係就要付出相對應的努力，剛好二〇一三年女兒小蝦卷出生，我藉由彌月禮盒的機會可以名正言順的送禮，不久後剛好又是中秋節，我也用親自手寫手繪的卡片送給益全比較熟絡的體育圈媒體前輩，如果我進球場，碰到記者群時也盡量多跟他們打招呼道辛苦，增加正面互動，我知道過去幾乎沒有選手家眷這樣做，這些舉動在棒球圈一定會引人側目，但我的立場認為只要做法合情合理，又能為老公帶來正面的助益，旁人的看法其實不需要介懷，而且禮盒的效果只是為過去的關係破冰，這只是治標，真正的治本還是益全本身互動的方式要做出調整。

在面對採訪的練習上，我列出一些容易被曲解、誤會的採訪反例，以及將彭政閔、周思齊、高國慶、潘武雄等等講話得體，既不會太官腔，也不會讓人感覺被冒犯，擅長闡述自己思想還能適時展現魅力的前輩們，擷取他們的經典受訪段落，幫益全畫重點然後讓他揣摩，如果是自己被提問到這類問題該如何回答，才會既得體又受歡迎。

對益全這種個性固執的人，要他改變現況，要用方法而不能只是批評，我幫他列出有實效的受訪典範在前，並做出成功與失敗的訪談對照組，對益全來說是很強烈、很有說服力的對比，而他這個人就是只要聽得進去就願意做出改變。

後來對於記者提問的內容，他開始嘗試用練習的方式去回應，甚至到後來碰到記者問的問題沒有明確解答或不方便回答時，他也能主動轉換，去提及記者沒有想到、沒有問到的事，巧妙的偏離自己不想或不會回的話題，轉為跟記者闡述自己想說的事。

這樣的練習應用行之有年後，益全的進步是顯著的，後來很多媒體在球場碰到我都向我稱讚益全，說他從過去的句點王蛻變成可以滔滔不絕的受訪者，這幾年他在應答媒體時既安全又能符合記者需求，也沒有會被放大解讀攻擊之處，甚至在記者提問外，還能另行補述很多媒體預期之外的好素材。

益全自己也很有感這個改變帶來的好處，他現在會在回家後跟我分享今天自己受訪被問到什麼問題，然後自己怎麼回答，並問我這樣回應有無不妥、有沒有還需要改善的地方，從一個社恐和難聊的句點王能夠蛻變至此，我也深深為他感到驕傲。

摩擦與彌補

益全跟隊友間的互動不多是事實，我也曾親眼所見，有一次打客場時在飯店下榻，我跟益全搭電梯時裡面還有其他人，對方穿著便服所以我沒認出來，益全在電梯中也完全沒跟他說任何一句話，後來出電梯我才發現那個人是他隊友，我訝異的問：「你為什麼在電梯裡碰到隊友都不打招呼？」他也很直白的回：「啊我就不知道要跟他說什麼啊！」

我聽到以後整個翻白眼：「你可以閒聊或問候一下啊，像是問他是不是要出去吃飯啊。」

「可是我如果問了以後，他問我要不要一起去，但我又不想去，那要怎麼辦？」

我傻眼然後開玩笑回道：「你想太多了啦！這就是碰面時的客套話而已，你以為每個人都想找你去吃飯喔？」

益全的個性就是這樣，跟人的互動不是一百分就是零分，非常兩極，他認定要參與就會百分百投入，決定不要就是完全規避互動可能，因為新人年被前輩邀約時都要掏腰包請客的陰影讓他驚魂未定，後來幾年隊友間的飯局他都不想跟，甚至變本加厲，連朋友間問「吃飽袂」、「去哪吃」、「吃什麼」這類台灣人常用的寒暄用語他都不敢隨意開口。

「我教你，其實就跟和球迷互動一樣，臉上稍微帶點笑容，輕鬆的問候、閒聊、瞎哈拉都沒關係，你必須要自己先起個頭，不然你在隊上已經不是後輩了，學弟看你臉這麼臭也不敢主動親近你，所以你要自己主動打招呼、閒聊幾句，或是人家聊天你搭個話，只要有開頭，氣氛就會好很多。」

我知道要他嘗試寒暄剛開始一定會有點彆扭，如果恰逢我也在場，就會幫益全先暖場，問對方「吃飯沒、吃什麼、怎麼都沒揪？」這一類讓氣氛升溫的開場白，後面聊天就能比較順利，我的個性跟人互動都喜歡直球對決，會主動釋出善意，除非對方明擺著對我有敵意或挑明不想理我那自然就作罷，否則無論對誰，我都會主動打招呼攀談。

聊到這裡，我知道大家都想看些什麼，對，即便是二〇一七年「金手套不用撲」事件以後，我對哲瑄的態度也和對所有人一樣一視同仁。

二〇一七年三月底一場比賽，富邦悍將輸給中信兄弟，哲瑄那天在自己的臉書上寫了「原來在台灣贏得金手套是不需要撲球的！真的長知識了！」

當時大家議論紛紛，猜測是講益全守一壘沒撲球，導致一局和三局三次一壘方向的球都形成穿越安打，那則貼文底下陸續有許多隊友、其他隊選手來跟風留言，瞬間在社群上引起風暴，甚至鬧上媒體，不但益全的心情受到影響，貼文的哲瑄和留言的隊友也都被解讀為霸凌，遭受很大的非議，整個團隊氛圍受到沉重打擊。

益全一開始真的很在意，加上媒體、Ptt 網友，大多數都把這件事情解讀成是他被「霸凌」，他一時情緒上湧，也真的傻傻地來問我：「這真的算是霸凌嗎？」要說內心無感或不受影響真的很難。

他的狀況我看在眼裡當然覺得難過，我在臉書上寫下：「本是同根生、相煎何太急」這句話，身為患難與共的戰友，理應能放心把自己的背後安心的交給隊友掩護，聽到這樣的玩笑話難免讓人難過；正因如此，我完全能理解益全為什麼心裡會在意；但我轉念想，他已經太容易把問題放在心裡消化不良了，如果我自己不先跳脫出來，這個家就沒人能幫他解開心結了。

於是我對他說：「你不要人家說霸凌，你就一直覺得自己被霸凌，哲瑄可能只是一個很容易被氣氛鼓動的人，國輝就是很單純、傻呼呼的覺得好玩跟著留言，本來哲瑄臉書寫這個就是玩笑話，如果沒人理他，這事情也就到此為止，偏偏剛好一堆隊友覺得好玩去起鬨，又被媒體和球迷注意到，事情才會一發不可收拾。」

除了對內安撫益全，我也把同理心向外擴散，去思考事件中另一位當事人的處境，一個小小的玩笑留言會鬧的這麼大，我想哲瑄自己應該也嚇到了，但要他這種性格獨特的人來道歉，也許是很困難的事，而你要身為前輩、傳統觀念很重的益全，去跟調侃他的學弟講清楚解開心結，對他來說也不太可能，這個結要解，只能靠身旁的人幫忙。

這件事情發生後，我對於哲瑄的態度還是一樣，我照樣熱情的對他打招呼、碰到他就閒聊。有一次，我遠遠看到他從走道另一端走來，好像看到我以後就繞道轉去別的地方。

我前面說過，我這個人喜歡直球對決，除非你真的明確告訴我：「我不喜歡你」，那我自然也不會去自討沒趣，這種事我不像益全那樣會藏在心裡，我又一次直球對決直接傳私訊給哲瑄詢問：「哲瑄，我有一件事情想要問你，你是不是討厭我們夫妻倆？」

「沒有啊，哪有？」他說。

「那你為什麼看到我轉頭就走。」我又問。

「沒有啦，剛好碰到有人找我才轉另一邊的。」他說。

我告訴哲瑄，他的答案讓我鬆了一口氣，因為確認我們之間沒有問題我就放心了，我後續也跟哲瑄說，「如果我們夫妻有哪裡做的不好可以直接跟我們講，沒有前輩就一定對、後輩就一定錯的道理」，他也回說他能理解。

對哲瑄這種個性的人，只要你對他釋出善意，他也不會對你失禮，而本來純屬禮貌客套的對話，當你持續對他真心誠意，久而久之他的回應也會愈來愈真誠。

我發自內心的覺得人與人只要持續正向互動，就可以培養良好的默契甚至情感，尤其是團隊運作，成員要用信賴作為彼此間的羈絆，這樣的連結才能讓整個團隊強大到不可摧毀。舉凡球隊烤肉或任何聚會活動時碰面，我都會主動去跟哲瑄聊天，後來他在新竹球場撲接外野飛球受傷時，我也主動去表達關心，從那段對話起，我有感受到哲瑄的回應已不再只是客套回答，他會主動提及一些自己想跟我說的話，是真心有意願要跟我聊天的。

而對益全這樣要花比較長時間才能解開心結的人，我只能開導他：「你如果真的一直這樣想，你跟他們的關係永遠都回不去，生別人的氣等於讓自己不開心，那何必呢？這件

事情你放下了，對他好、對你自己也好，對團隊才會好。」

這件事情益全花了很長的時間才釋懷，而自從那個事件後，我看他在一壘守備有幾次明明就是不能處理的球他也硬撲，就是因為那一句話烙印在他的心裡，人家說他不撲不行，他就真的去撲交代的，也因為這樣，那件事情以後他的職棒生涯到目前為止剛好也沒再拿到金手套獎了。

這件事讓我深深感受到，一句話可以在一個人的心裡烙印多深，負面的想法如果沒辦法釋放，後面整個職業生涯都會受到影響。我後來常想，我真的太晚接觸到運動心理學，讓這件事情擱在他心上，間接影響了好幾年的生涯表現。

對於外表堅強的球員，如果只是直接問，他們嘴上一定說自己沒事，但從表現上就知道他內心是介意的，內在層面我試著把益全的心結打開，淡化這件事的影響，對外也在互動上做調整改變，可惜到他能徹底放下這件事時已經來到職業生涯後半段了。

職場上一定會有摩擦，當碰到爭端，我們還是盡可能的恢復融洽，釋出善意去友好，益全跟哲瑄不用去做給鏡頭拍他們能多麻吉，就是循序漸進地去友善互動，彌補過去的裂痕就好，因為對益全而言，事情發生了，無論你在不在意，畢竟都還是要在這個環境繼續生活下去。

如何面對輿論批評？

職業球員和演藝人員的性質有點類似，工作成果不只在公司內部稽核，而是直接攤在陽光下供大眾檢視，工作評價也不會只存在公司裡，更多的是外部輿論，我以前的工作是如此，益全的也是。

益全職棒生涯被批評過的事情太多了，他是個被罵很容易往心裡去的人，但偏偏又忍不住好奇想看網友到底都說他些什麼，因此受影響是必然的。

從早期因為面無表情被人說「臉很臭」、失誤時被人叫「E全」、打擊低潮時被稱「林一成」、跑壘跑太慢被叫「懶全」，成績好的時候也會被人說只會「打個人」，都不指點後輩等等……總而言之，從他成為球隊指標球員開始，但凡有任何特殊狀況，只要問，就是「益全坦」！

益全本來就不是以速度見長的球員，加上天生扁平足，跑壘速度慢確實是他的劣勢，但他又很在意網友說他跑壘態度差，他一直覺得：「我在球場的每一場比賽都是嚴肅以待，他們說的態度到底是怎麼樣的態度？」

我拿演藝圈的經驗跟他分享，我的工作很重視角色定位，演什麼就要像什麼，其實球員也是一樣，當然拿演技和運動員的拚勁相比不太貼切，但其實就是要想辦法讓別人知道你有盡力，我解讀的「演」，可能就是網友要看到的「態度」。

「你的腳程就是慢，這種東西也不可能因為拼命訓練就能變快，但是你可以在跑壘的時候讓人家看到你手刀衝刺，光是手擺動的幅度大一點，球迷就會覺得你有展現運動員精神，久而久之網友自然會覺得你『態度』有拿出來。」

像以前他打出判斷必然會被接殺的球，甚至已經看到球被外野手接殺了，就在中途放棄跑壘，但看電視轉播的球迷不會知道他已經看到自己被接殺，只會看到他在一壘前放慢速度，就會認為他是消極怠慢。

依照球員的邏輯，他們以經驗判斷這球打出去十之八九就是會被接殺，益全認為：「我都已經看到被接殺了，為什麼還要冒風險跑到一壘去？」我站在他的角度思考了一下，就能理解球員想的是降低受傷風險和節約體力及時間，但當我跳脫出家眷的立場，去假設自己是球迷看到這種狀況會有什麼觀感時，果然還是會認為這是跑壘態度不積極，因為球迷的觀點是：「就算高機率會被接殺，對手還是有漏接的可能，放棄跑壘就是會讓球隊損失進壘機會。」

我認為這兩種邏輯都沒有錯，但既然有牴觸，就必須要有一個讓兩邊都可以接受的作法。我知道益全的個性，兩個觀念衝突時硬要幫他總結哪個是錯誤、哪個是正確，最後只會流於爭論，難以讓他信服，我能做的是讓他試著換位思考，去理解球迷為什麼會這麼看，並提出一些合乎他需求的調整建議。

我對他說：「你的邏輯沒錯，但球迷說的其實也是對的，以後碰到這種狀況，你還是要跑去一壘，不是叫你拚命狂奔或頭部滑壘，你就照你的步調跑上一壘，不要中途放慢就好，首先你已經做到球迷希望看到你做的，其次你跑壘受傷的風險還是可以降低。」如此一來益全有達到避險，球迷也看到想看的，這就是兩邊都可以接受的結果。

益全接受這個建議修正了跑壘方式，慢慢對於他跑壘散漫的雜音逐漸變少，甚至轉戰統一獅隊後，曾有一次他打了一個幾乎會被接殺的球但他還是賣力低頭往一壘衝，結果跑了五、六步以後跌倒仆街，讓在旁的人看到都哈哈大笑，即使出糗，但還是能讓網友見證他態度的轉變。

別吝於展現自己做的好事

被批評只會「打個人」這一點，其實益全一直很掛懷。

「什麼叫做我打個人？我把自己的打擊內容做好、顧好自己的打擊成績哪裡不對？」他一直很疑惑。

如果說壘上有隊友，教練要求他做推進戰術，然後益全覺得自己狀況好一意孤行堅持要打，那是叫打個人沒錯；但事實上只要教練有戰術需求，益全也都全然配合。

我自己也看各項球類運動，籃球、棒球、足球都看，就我自己對各運動類別的認知，我也無法理解棒球要如何「打個人」。

棒球運動的調性跟籃球、足球不同，足球可能有不傳球的「球霸」、籃球也會有熱愛自己投的「自幹王」，英雄主義打法都會影響到同場隊友的數據績效；但棒球不一樣，棒球投打對決的每個打席都是獨立而非與隊友共享的，不會因為你多打安打其他的隊友就少了安打的機會，反而只要前位打者都不出局，後續隊友的攻擊機會就會增加，球隊的贏面會更大，棒球這項運動的特性正是該強調打線上每個人都把自己的「個人」給打好才對。

益全很介意人家說他打個人這件事，他這種天蠍座的性格，被批評時就是會去想：「好，既然你們這樣講我，那我就反其道而行。」他會想用一百八十度的大轉變，極端展現自己不是他們口中那種人。

他一直介懷人家評論他「打個人」，就會賭氣的跟我說：「那這樣好了，我不要顧自己，成績爛沒關係，我先來提點其他人。」

跟益全相處久了，當我聽到他這種說話口吻的時候，我就知道他在賭氣了，我跟他說：「你用這樣極端處理的方式也不對，人家說你打個人，代表你的個人成績可以被挑剔的點比較少，你應該調整的是提高跟其他人分享經驗的能見度。」

一支球隊要好，每個選手都應該先把個人成績給打好，益全也應該先做到這點，才有資格和餘裕去分享經驗給隊友，假設你打某投手打得很好，今天碰上這位投手你又打出安打，你指導學弟人家才覺得你有說服力；如果今天你自己都打不到球了，還在場邊對學弟指手畫腳，學弟也會滿臉問號。

關於「獨善其身」這一點，實際上我知道益全他有在指導學弟，只是他不習慣在眾人面前做，益全他說：「職場上我可以提點你，但我會帶你到旁邊講，因為在鏡頭前或很多人在的狀況下說，學弟不見得敢講出真正的問題和想法。」他指導學弟的初衷是為了讓他更好，他覺得在私下環境單獨講，會讓對方比較放心開口，也比較有效。

我知道這些事情益全有在做，但我也知道外面的人大多數都不知道，因為他的個性就是「不想做給人家看」，我的觀念會認為，如果你有做好事，就不需要吝於讓外界知道，我對他說：「我知道你有做這些努力，但你的策略必須要改，不要在意當下的環境是不是太吵，當學弟問你你就當下立刻回應，不用另外私下找地方講。另外像是隊友在場上失誤、投手有狀況時，暫停或換局期間就上前給點鼓舞，拍拍他的肩膀或講一兩句話安撫的言語，直接去做！不用顧慮別人怎麼想，你不需要在鏡頭前做，但也沒必要刻意低調。」

我覺得很幸運的是，我的丈夫從結婚開始起就願意敞開心胸跟我分享他的內心想法，我打從心底珍惜這種互動，自從他開啟話題時，我沒有表現出興趣缺缺的反應，我認真傾聽，儘可能客觀的回饋我的想法，當他在溝通過程獲得抒發，甚至心態上有所轉變後，他就會開始進行行為調整，結果也能獲得正向效果，因此益全更願意跟我分享心情，夫妻之間的互動有很正向的循環。

他剛打職棒碰到被網友批評時，最開始他會跟全爸講，但是全爸的個性比他還容易激動，所以會跟著他一起生氣、說氣話，當下一起發洩很解恨，但是沒有正確宣洩負面情緒，問題仍然積累在心裡，長期來看於事無補，而且久而久之也讓益全把網友的評論通通視為負面，沒辦法得到提醒和獲得成長。

有些球員看了網路言論後可以雲淡風輕，那就看看無妨，但益全不是，他會好奇「大家在講我什麼？」又想看但看完後又很在意，就又往極端方向想證明自己不是網友說的那樣。

當我發現他面對網路輿論的心態是這樣後，我就把他的 Ptt 手機軟體給刪除了，因為他不是看過就沒事的人，與其讓他影響心情，倒不如他不要看，我自己來看就好，雖然看到自己老公被罵我也會有情緒，但我情緒平復很快，所以看的時候我很快能冷靜思考：「這段話是為酸而酸？還是真的有點出林益全需要改進的問題？」

網友的批判點有些真的會讓我認真思考，像前面說過的臉臭、跑壘態度、長打消失，發現這些問題去改進都是對益全有幫助的，我視之為建議，就算網友只是憑感覺就做出評論，但偶爾還是會提醒我：「這是不是我們忽略的點？」

例如看到林益全被三振，網友留言說他揮棒速度變慢了，這就值得我留意，我看到這類評論，會去跟益全還有他的訓練師討論是不是真有這種情形，並且透過運動科技的儀器做檢測，即便檢測狀況驗證沒有下滑，也可以在相關轉體訓練上做加強，避免真的產生網友所說的退化。

當然，球迷的批評永遠都會有新創意，碰到根本無從改進的批評，就是笑笑帶過就好。

有很多為酸而酸的例子，像有一次益全被三振，球迷留言：「林益全這個打擊怎麼這麼不負責任？」別說我看了滿頭問號，就連其他網友也聽不懂他批評的點是什麼？底下紛紛留言回應：「林益全就是揮空三振，到底哪裡不負責任？」

沒有建設性的酸言酸語，我知道益全看了會受影響，那我就不給他看，如果他近期狀況不好，想也知道網路輿論只有挨罵的份時，連我自己都會選擇不看，就等到他把成績打起來我們再開啟社群來滿足他的好奇心，也可以多看到一些較有助益的評論，即便難免夾雜批評，但至少對他的影響是正多於負的。

面對網路批評如何看待，要看你去看的心態跟目的，如果你只是無聊想要看看笑笑，對心情和後續表現無傷大雅那就去看，網友的批評沒有全然好或不好，如果一概不看，有時候也沒辦法得到激勵和進步，但如果選擇要看，又把所有內容一股腦照單全收，就會影響心情，所以選擇要看的話，心態拿捏跟面對方式很重要，後來我勸益全，換個角度思考來面對網路輿論。

「球迷其實很可愛的，今天球賽可以把你罵到臭頭，明天如果再見逆轉，又可以把你捧上天似的當英雄。」

我接著說：「在演藝圈時我們只要被罵，隔天局勢是不會逆轉的，我們還是會繼續挨罵，而且那些話都是一天比一天難聽，也沒有什麼機會可以讓我們扭轉。只有哪一天得獎了網友才可能改變對你的評價，但是你以為拿獎是想拿就可以拿的嗎？你應該覺得幸運，你的工作調性是就算今天當狗熊，明天馬上有機會可以當英雄的。」

他一想好像真的是這樣：「對喔，那我真的比較幸運！」

只要我找對切入點，益全一點就通。面對網路批評，我只提醒他兩點。第一，你由黑轉白，只要一天就可以了！第二，會罵你的就是這兩成，你真正該關注的是另外八成衷心支持你的人，既然你選擇要去看網路評論，就不要念念不忘那些罵你的少數人，應該要記得那些支持你的多數人。

換個角度思考以後，益全慢慢能釋懷輿論對他的批評，也比較能用幽默感微笑面對，像是他應對「坦全」這個外號的過程就是最好的例子。

這個稱號以前是因為輸球的時候大家要找本日戰犯，然後網友就會戲言：「問題都出在林益全身上，交給益全來坦！」

益全一開始是連看到這個玩笑他都會認真、會糾結「這又關我什麼事？」因為長久以來他真的被罵怕了，一旦被網友酸，就算只是玩笑哏，他也會風聲鶴唳，看什麼都會糾結。

後來「坦全」這個哏更跨界到其他運動類別，像籃球輸球時大家也要「益全坦」、台中大停電大家也要「益全坦」，但益全分不出來是玩笑還是揶揄，他仍然會在意，我會跟他解釋說這只是好玩，我覺得很有趣，叫他不要任何事情都認為是言語攻擊，後來他才慢慢習慣，分辨何為批判、何為玩笑，漸漸的他也會跟我分享「今天又坦了些什麼」。

在他能幽默面對以後，二〇二一年緯來體育台在預測NBA總冠軍的活動也曾邀約他共襄盛舉，讓他預測太陽對公鹿誰會拿到總冠軍，他預測太陽隊後來成反指標，太陽隊輸球時他也拿「那就我坦起來」來調侃自己。

後來幾年他跟我分享，有次他在比賽間看到一個投手，每換局下場時就會想去看網友對自己表現的評論，他心想：「他這樣下一局上場會受影響吧？」

益全說，他看到他，就想起過去的自己，因為現在社群軟體太發達，很多高身價選手對網路言論如履薄冰，結果愈看愈在意，愈在意愈表現不好，表現不好又更想看網友怎麼罵自己，如此形成惡性循環。

益全心想：「那些鄉民是能教他怎麼投球嗎？」其實這句話就已經突破他自己當年的

盲點了，鄉民也沒辦法教他怎麼揮棒。益全當下掙扎：「我有沒有需要去跟他講，叫他不要太在意？」

我跟益全說，這件事情你需要自己拿捏，有些人可以被講、有些人不能被講，你要先觀察看他是不是願意聽勸的人，看他的個性以及跟你的互動，是不是有熟到可以直接提醒，真的要講，也要看你的方式適不適合他，說不定這樣真的是他激勵自己的方式。人同此心，心同此理，雖然他沒有實際介入，但我聽到益全看到隊友面臨他過去曾遭受到的相同困境時會想去開導，我就知道他已經突破既往束縛，往前踏出嶄新的一步，我由衷的為他感到驕傲。

談判的修練

其實我一直都知道，對於益全來說，旅外一直都是他的夢想。早在興農牛代訓時代，波士頓紅襪隊就曾想找他赴美發展，然而當時中華職棒還沒有旅外條款，再加上紅襪當時開出的簽約金很低，只有二十萬美金而已，唯一比較誘人的條件大概是允諾讓他從二A

起步，這樣的簽約條件也反映球隊對選手的重視程度，想必去美國能得到的機會也不多，加上興農牛當年真的很有誠意簽下益全，所以他選擇了中職。對於一路在他身邊看著他持續努力不懈的我，既開心，也有點惋惜，在我眼中的他，對待工作的態度與成績都是許多球迷有目共睹的好，卻因為環境的關係而留下，但也因為他留下，讓我有機會能夠與他相識、相愛，並且成為夫妻，也因此讓我決定為了他的夢想而堅持以及努力。

後來當興農牛轉賣給義大後，當時有運動經紀公司在擔任日本火腿隊的顧問跟我們說，也許可能有引薦益全旅外的空間，再次聽見有旅外的可能性時，我為益全感到開心，這或許是他又一次能夠圓夢的機會，即便機會渺茫，我也希望他能夠為此奮力一搏，所以二〇一五年底結束後，二〇一六年的新合約我們就決定委託給該經紀公司洽談。當時義大犀牛成績最好的選手就是益全和國輝兩位中心打者，益全的新合約談判卡關很久，也因為經紀人當時一直卡關，所以經紀公司才轉而問我可不可以一起進去商談。

當時因為委託經紀公司，我明確定位自己的角色只是旁聽，以不干涉他們處理工作為原則加入會議，除非義大球團問我意見，我才發言。

然而在會議中，在我聽過雙方商談內容以後，也覺得經紀人口中所提的：「不符合球員期望值」，在缺乏實際市場行情和進階數據佐證的情況下，比較難說服球團給予高薪，所以球團一直打槍，雙方難有具體共識。

於是合約一事就這麼一直拖到二〇一六年農曆年過後才底定，確認益全二〇一六年的單年合約，月薪成長到六十五萬。可惜的是，經過我和益全的種種考慮之後，即使旅外的夢想仍在，但為了一家人能夠穩定發展的考量，他再次決定留在台灣發展，加上與義大續約僅一年，我們與該經紀公司的合約也就在此畫下句點。

二〇一六年賽季的益全同樣繳出穩定且優異的成績，再加上富邦確定接手球隊，因此在義大轉手前奪得歷史性的總冠軍之後，全部的主力球員都因此獲得加薪，那一年我一路陪伴著他，見證他寫下的成績紀錄，以及奪得總冠軍後在球場上開心的模樣，心裡總算有一股「值得」的感覺，我知道屬於他的時刻一定會到來，但我沒有想過這個瞬間會是這麼令人感動。雖然我並不是益全，不是那個在球場上賣命求存的好好先生，但與他一起攜手走過的過程總是充滿著汗水、淚水與無限大的愛，也直到這一刻，我才看見他身上的那股壓力暫時得到了釋放。

可惜的是，雖然新公司在接手後開給益全一張最高可達八十萬的複數年合約，但在這張合約到期的二〇一八年賽季時，全隊的數據績效都呈現下滑，不只是益全，大家都打很慘，也使得當二〇一九年的新合約洽談來臨時，自然而然就進入了扣薪模式，當時我們委託新的經紀公司協助，而球團則提出新約月薪是要大砍二十萬，主因是他們質疑益全在二〇一八年全壘打下滑太多（八支），不符合月薪八十萬的身價。

經過多年相處下來，我知道益全是那種薪資談判過程中會一直很想知道經紀人與球團談判進度的選手，同時也是一個很容易因為他人的言語受到影響的人，雖然經紀人告知球團要扣二十萬的月薪，很顯然的這個幅度只是初始目標，是先開出來讓經紀公司再討價還價的，但對於益全來說無疑是造成一些打擊。

打不好被扣薪水是理所當然，不過其中得到球團回應的扣薪點，卻有一些比較不合理的理由，比方說球團告訴經紀人：「有聽到說益全都只打個人，也比較沒讓人看到他有在領導球隊、分享經驗和指導新人。」

還是一樣回到這個「打個人」的盲點，如果教練下戰術，益全堅持不執行那叫做「打個人」，但是把自己的成績打好則是盡好本分工作，而益全在私下、安靜的地方提點隊友，也是需要在自己打的好的情況下去分享經驗才更有說服力，更何況球員的薪水應當是依據個人成績，指導隊友不應該列在球員薪資漲跌的條件。

後來談判達成共識是二〇一九年的新約月薪扣十萬，在二〇一七年加薪時，主力選手大家都是加十萬，但二〇一九年扣薪時，卻是益全扣的最多，當時其他成績也下滑很多的主力卻扣較少，只因為球隊表示對方的守備位置更有價值，想當然的，益全對這個回應也很納悶疑惑，我也感到傻眼是因為這種理由。

但是在夫妻相處之中，我們除了要分享彼此的苦與樂，也要成為能夠補足對方不足的那一部分，我知道益全是個容易有情緒波動的人，雖然他不會輕易的表現出來，但在我眼裡，他的一舉一動都能透露出他的所有想法，正因為我是如此地了解他，所以在聽過經紀公司反饋球團談判過程後，我決定成為幫助他過濾情緒的第一道防線，讓經紀人先跟我講細節，由我消化吸收後再跟益全溝通，成效會比較好，因為談薪過程就是雙方據理力爭、討價還價，球團想要降選手的薪資，一定會把所有想得到的缺點都拿出來講，那個場面難以避免會有難聽話，而益全對於這些內容又會銘記在心，所以實在不適合讓他鉅細靡遺地照單全收。

我在拿到經紀公司轉達給我的資訊後會先自己吸收，再轉化成適當的方式跟益全溝通，跟過濾網路言論一樣，我收到訊息會先思考被提及的這件事到底是不是真的是益全的問題？這些批評對還是不對？如果真的確實是他比較缺乏的表現，我跟益全討論的時候就會順便提醒他，也提供給他改變現況的方案，而不是把球團質疑他的點直接丟給他，然後問他「怎麼辦？」這樣只會讓他更不安、煩躁，然後依照他的極端個性，就會出現矯枉過正的情況。

二〇一九年球季結束，益全很爭氣的拿到中職生涯第四座打點王，經紀公司和球團協商的目標想朝爭取兩年複數年合約、月薪逐年為七十五和八十萬的條件；但球團方以國外疫情剛爆發，民眾恐慌不敢亂花錢造成集團電商虧損為由，希望益全能接受較低的條件續約，甚至提出要砍薪的選項，但益全二〇一九年打出生涯新高的全壘打數並拿下打擊獎項，加上還是球隊唯二拿獎的選手，扣薪是無論如何都很難接受的條件。

球團接著提出，若要以複數年約進行，且二〇二一年想要到達月薪八十萬的話，條件是必須二〇二〇年球隊拿下總冠軍，而且益全的全年球季OPS（上壘率加長打率）要超過1.000！對於對棒球不熟悉的讀者來說，或許不太能理解這樣的數字代表的意義是什麼，但對於靠棒球生存的所有球員來說，這不僅是極為嚴苛的條件，也幾乎是不可能的任務。

最終在經紀公司斡旋下，這一項成績條件微幅的下修，但球團堅持拿下總冠軍的但書是不可能拿掉的。這段談薪過程曠日持久，不知不覺已經接近開春時間，我知道再這樣下去會影響益全新賽季的春訓進度，也擔心在遲遲未能談妥未來工作保障的情況下，會讓單純的他又增添更多不安，於是最後我便請經紀公司回覆同意並允諾球團方開出的條件。

沒想到因為訊息傳遞進度出了問題，經紀人說球團因為隊上剩下益全遲遲沒談定合約覺得不太高興，只願意開給他六十八和七十萬的月薪，但益全二〇一九年薪水就已經是七十萬，以二十七轟和打點王的身分遭到減薪，無論如何都會遭到非議，冷靜思考過後我認為高層應該是說氣話，這個結果經紀公司也不能接受，他們派出三位經紀人跟球團協商，經過一番爭論以後，最後議定七十、七十五萬的兩年複數年約。

後來對外公告時，這兩年的月薪都是七十二點五萬，這其中有一個插曲，本來球團要對外宣布的薪資是七十五和七十萬，但因為益全拿下打點王，球隊公告二〇二〇年的薪資維持平盤七十萬可能也擔心會被輿論批評，所以才想公布為首年七十五萬和次年七十萬來達到首年加薪觀感，但益全聽到後覺得很奇怪：「怎麼新合約第一年都還沒打，就確定我第二年要被降薪？」

後來球團才又修正，對外公告兩年皆為月薪七十二點五萬，我請經紀公司回覆：「這些細節都讓球團決定沒有關係，只要能讓事情盡快塵埃落定，讓益全可以放心打球就好。」

益全本想讓球隊就照既定條件宣布七十五和七十萬，他想如果第一年打好，第二年被降薪，這張合約的不合理性又會浮出水面，當時他還在氣頭上，想法有點賭氣，但我跟他說：「你不用這樣做，這樣對你們雙方都不好，於情於理，讓球團公告七十二點五萬對你們都有好處。」

我接著分析給他聽：「從情感面來說，勞資雙方各退一步，球團未來也會感謝你當初為他們著想，畢竟他們剛接手球隊沒多久，不太能掌握談薪的輿論風向，沒做好容易動輒得咎，不用為了談判過程的一時氣憤讓球隊挨罵；到時候如果記者詢問，球團也可以跟媒體說七十五和七十萬的條件是你堅持的，那時候責任就變成在你身上了。」

我進一步對他說：「在理性面你更應該思考的是，你這兩年合約到期後要談新合約，到時從七十萬的起價談和從七十二點五萬談的基準完全不同！若是你成績很好，能得到百分之十的漲幅，七十萬是增加七萬、七十二點五萬則是增加七點二五萬的月薪，現實面而言也是後者的加薪增額比較高。」

於情於理這都是比較好的選擇，益全也欣然同意這個看法，接受球團開出的條件。

從談薪過程自己做了很多功課以後，我深深感受到台灣的職棒屬於強勢的資方市場，規章對選手離隊的限制很高，就算成績再好，如果球隊真的不打算跟你談，你也只能鼻子摸摸回母隊打球。所以碰到球團方面開出的條件比較苛刻，或是在談判過程因為要降價而說出比較難聽的話時，我會先安撫好自己的情緒，當我發現益全因此而動氣時，我才能冷靜開導他，在資方市場，球團還願意跟你談的情況都算是好的，經紀公司或是眷屬只能幫助勞資雙方的期望值慢慢拉近。

二〇二一年，益全拿到最佳十人指定打擊獎，同年底他策略性的宣告成為自由球員。

會使用自由球員宣告權，是因為益全內心有幾個想法驅動著，他想有機會的話或許真能轉戰統一獅，我知道他原本就有回家鄉打球的念頭，另一方面他是想行使選手權利，到自由市場開放各隊競價，為後頭的學弟樹立榜樣，「有好成績的人，如果還不敢使用自由球員制，那未來的學弟就更不敢用了」；此外，他也想藉由成為自由球員，刺激原球隊用複數年合約把他簽回的想法，這是他談薪前的策略。

退讓的智慧

在益全拋出自由球員的想法時我其實有點疑慮，我就當時各隊的形勢跟他剖析過，透過這個手段轉隊或爭取複數年合約的成功率都不高，因為益全的薪資基準實在太高，加上他也不年輕了，統一獅需要付出很高的轉隊費成本才能簽下他，這還不包含他未來的月薪，與其付出這麼高的成本，獅隊會寧可選擇用這些資源去培養更多年輕人接棒一壘防區。

球隊當初把宣告成為自由球員的某位選手用複數年合約簽回去，是因為他的薪資較低，益全的薪資比他高太多，球隊不太可能因為益全成為自由球員，就動用複數年約把他簽回來，這就是當時市場的現實。

但是益全還是堅持想透過行使球員權利，來達成市場活絡的目的，他希望自己敢用，以後年輕人才會敢衝，我想既然他內心已經有確定的方向，那我們就先朝他設定的方向努力看看。

經過一段時間的了解以後發現，統一獅確實無意在高成本的情況下延攬益全，他只能回頭和原球隊洽談續約。我判斷益全當時的狀況是去市場投石問路以後轉隊不成，回來面對原球團的談判過程對他來說肯定不會好過，所以這一次我決定親自協助他洽談合約。會親自處理，並不是我覺得經紀公司不夠努力，而是我認為在台灣的職棒環境經紀公司真的很難使力，球員、家眷或經紀公司去談的結果其實差不多，與其找經紀公司最終大家都遺憾目標沒達成，益全是想自己去拚看看。

當時益全人在嘉義練球，晚上如果又要親自視訊和球團談薪水，我怕他會太累影響隔天的專注度，加上資方談薪資時一定會挑選手的毛病，過程肯定容易讓益全覺得難堪，我怕他講沒幾句就跟人家吵起來，帶著情緒隔天練球更不好，所以我決定自己準備資料跟球隊洽談，幫助益全把資訊傳遞過程簡單化。

開始洽談時，對方當然是先批判益全的表現水準不如預期云云，還說他「怎麼會申請成為自由球員，這讓高層覺得很訝異，本來想要砍益全三成的薪水」，是他告知老闆這個降薪幅度太狠了，才爭取到「降薪十五萬就好」，只是球隊表達這次不可能再給複數年，因為他們認為以往投資複數年合約的結果都是失敗的。

我心想，「好，一年約就一年約」，我跟當年面對義大犀牛一樣做足功課，跟對方提出佐證：「雖然益全的打擊率是生涯新低，但他的打擊率在球隊主力當中依然名列前茅，加上出場數、安打、打點都是全隊第一，全壘打第二，還拿到最佳十人指定打擊，是富邦全隊唯一一個在二〇二一年賽季拿下個人獎項的野手。」

結果對方回了一句讓我啼笑皆非的話：「在放牛班成績拿第一名，還是很差啊。」

我聽到的當下有點傻眼，真沒想到有人會說自己的球隊是放牛班。好，如果跟自己球隊的不能比，那我就來比其他球隊的例子，我拿中職聯盟當時的大環境行情以及對應選手的薪資案例給對方參考，我舉某個他隊球員為例，他在那一年是最高薪的選手，但他二〇二一年賽季的成績與益全是相仿的。

結果對方又說：「我們是自己球隊談薪，其他球隊情況跟我們不同，你不要比到別人那邊去。」

但我告訴對方必須比較，因為聯盟用球彈性係數下修，所以不能單純對比同一位選手的前後年成績作依據，必須考量大環境的整體數據變化，中華職棒在換球以後，全聯盟打擊成績和前一年相比都是下修，而不是純粹單一選手的退化。

但他們其實不太懂太過深入的棒球專業，跟他們講太多、太深來反駁他們的論點，他們反而會拋出有點過度反應的話語。

用棒球數據來談對方聽不懂，於是我換個方式改用房價來比喻，不同選手的成績就是不同房子的房況、他們的薪資就是房價，也就是當前市場行情，當益全的「房況」和某位他隊球員的水平是同級別的時候，就必須依據市場行情開價才有客觀依據，不然勞資雙方各持己見，永遠找不到共識。

對方聽過我的說法以後，回應是「覺得有道理但球團不能接受」。到後來他們幾乎是挑明：「益全今年扣薪是必然的。」

他們的說法，讓我推測球團似乎早已分類好要加薪與扣薪的族群，被歸類在扣薪的一群人無論如何商談，結果都是要扣薪的，就算你提供再多數據佐證都沒有用。

我斟酌著當時的狀況心想：「好吧，球季快開打了，那就各退一步，不要求加薪，但至少持平。」

我對他們說：「球隊覺得益全退化，但數據顯示那是換球後的群體下修，我們可以同意一年約，但薪水至少持平，這樣球團承擔的風險相對小，也可以再給益全一年的時間讓他證明自己的價值給你們看。」

但對方還是堅持無法同意，我推測或許是因為在這個層級沒有權限做主，於是我說：「我知道你的難處，不然是不是可以請你幫我找其他高層的決策者，你不用轉達，讓我親自跟他們解釋？」於是他幫我傳達，讓我能與其他兩位高層決策者一起在線上繼續協商。

我同樣以棒球數據和市場行情對照，再一次跟球團長官們報告，例如聯盟全壘打王的全壘打數字跟往年相比下修，難道那位選手也是退化嗎？另外像是全聯盟與益全薪資同等級的高薪選手，他們當時的成績也都因為換球而下修，但他們的薪資水平仍然反應市場行情，球團覺得要大扣薪，但也必須有相對應的範例證明其他球隊也是這麼操作才有說服力。

那些進階數據和薪資資料，球隊長官們也都收去看了，談到後來，我甚至已經讓他們覺得我有道理，但這畢竟還是資方主導的市場，他們只是重複傳達一個概念：「你講的有道理，但扣薪勢在必行。」

我原先提出的目標，是希望爭取薪資持平的一年約，但球隊高層說，新賽季球員註冊時限將至，再繼續堅持下去今年就有可能不能打熱身賽，所以他們提出扣薪二點五萬，要我不要再堅持了，談薪過程他們也說道：「你們不能只站在球員的立場，偶爾也要跳脫出來，站在老闆的立場看待我們為何會這樣做。」

當我告知益全狀況時他有點不高興，但於我而言已經是可以接受的談判結果，其實球隊一開始從提出砍薪三成到砍十五萬，到後來談到只砍二點五萬，以降幅而言是可以接受的讓步，我知道益全不開心，但再堅持下去雙方只會撕破臉，對他不會有任何好處，輕重緩急在我心裡非常清楚，當初我之所以選擇親自協助益全談薪水，優先的考量就是讓他好好打球，在可以接受的範圍下，我們還是必須先順從資方市場，讓新賽季可以順利運行。

益全本來又想要賭氣，想說要拖到球員註冊時效的最後期限再簽約，但我勸他不需要這樣，既然你已經接受了，就讓公司好做事，沒有必要讓球團為難、緊張。

我知道現實的狀況是，球團其實可以在規章允許範圍內要砍多少薪水就砍多少，不需要跟球員商量，他們其實能做到這麼絕；但既然球隊還同意跟我們開會談薪，就代表已經釋出善意，我們就是想辦法縮小觀念差距，雖然初始的堅持沒能成功，但在資方市場中他們還是有尊重我們，沒有走到「我不跟你談，你要打就打、不打拉倒，反正你也跑不掉」的模式。

我把現實面一一分析給益全聽以後，他比較能夠釋懷了，在協助益全談合約，在他與球團間往返的過程對我而言也是一種學習，尤其在取得共識或妥協時如何照顧「當事者」的心情，能夠爭取當然盡量爭取，但當一切底定之後還是要用話術來降低雙方……尤其是球員心中的不滿值，因為球員帶著情緒進行新球季，整個賽季的步調都會不好，對他的後續發展反而不利。

我在談判時，初始的堅持一定會把持，不然會被「軟土深掘」，但談判過程一旦有嗅到客觀環境對己方不利的氣息，我會知所進退，當塵埃落定，一切都要朝「圓融」的方向收尾；我告訴益全，球團已經有釋出善意，如果維持高姿態堅持當然也可以，但在這個環境下風險太高，過去也曾有不少球員倚仗「球隊少不了我」的自信去跟球團對峙，最終結果都不太好。

在銀行的工作經驗，讓我知道風險評估的重要，在幫自己的家人談判時當然更要拿捏分寸，何時該進取、何時該讓步，都要知所進退，評估自身所能承擔的風險，不要用過去的實績為籌碼孤注一擲，假如球團決定奉陪到底，選手就必須賠上整年的上場機會，這一年可能會影響後續幾個賽季的發展，如果沒有絕對把握能達成目的，就要思考這種高風險對於需要穩定上場機會來自證身價的選手來說是否有能力承擔？

評估過後不難發現，真的是退一步海闊天空。

分享這段過程，是希望能讓球員和家眷們知道，經紀公司很努力想幫助球員，薪資提高他們絕對樂見其成，但台灣職業運動規模就是這樣，談判空間不利於勞方，倘若為了一兩萬的月薪差異爭執不下，最後往往得不償失。當球團最後通牒已下，不需要嚷嚷著：「我們要怎麼辦」來增添選手的慌亂，因為他們內心肯定比我們更煎熬，這時要做的就是跟他一起評估風險，協助他們做出不會後悔的決定就好。

其實當時益全的心情也是徬徨無助，畢竟以前沒經歷過，也不知道如何解決，一直在反思自己是不是做得不夠好，對於球隊所做的一些決定，只能帶著疑惑去尋找答案，心裡不免會有情緒，但這些都是日後累積智慧的養分，只能在練習時加緊揮棒，藉由練習來掃除懸而未決的疑慮，也因為這樣，讓益全體會到『智慧』的價值，開始體悟到除了表現，在很多的細節上，應該用更有智慧的方式來面對這一切。

後來我們也在談薪結束以後，反過來站在球隊的立場思考，我相信球團高層在談判時的態度也有不得已的苦衷，畢竟職業運動本來就是商業活動，在商言商，薪資談判的「錢鬥」拉鋸過程，以設定好的預算來達成目標，本來就是職業運動制服組應盡的本份。

現在回想起來，很感恩前球隊讓我們學習到很多，不只是成長，也學會換位思考，更了解談判的不容易。

人生很多過程經歷，當下或許覺得很辛苦、很艱難……但其實每一次的經驗都是上天給予你的課題與挑戰，不管結果是不是如自己預期、過程是不是順遂，我們都要抱持感恩的心，至少對方給予我們機會去面對，我們才可以成長與進步。

Fubon
9
9
Guardians

第 4 章

求新、求變、求進步！

與益全相知、相守多年來，我對他的事業與理想有更深刻的了解，他的事業是職棒，這份工作是家中的經濟支柱、他的理想是在台灣棒球留有一席之地，這是全家人的驕傲，也是我全力守望的共同目標，在實現的道路上我會跟他一起努力。

我自己在求學時代就是做足努力的學生，每逢考試我會加倍用心做好準備，從小到大我都相信只要自己夠努力就一定可以達成設定好的目標，機會是留給準備好的人，雖然在我認識益全時他已經在職棒功成名就，但我仍然持續激勵他：「你現在已經很好了沒錯，但你絕對還能更好！」

我一直認為人只要沒有持續精進自己就會退步，我常舉羅力（Mike Loree）的例子，一個外籍球員在中華職棒打滾多年，羅力每年都不斷微調、求新求變，他嘗試開發新球種、做足對付打者的功課，如果在異鄉討生活的洋將都能做到這種程度，本土選手更不能原地踏步。

益全的成績一直都很穩定，反而更難明顯感受到他碰到瓶頸。但在職棒打超過十年以後他低潮的場次開始比以往拉長了些，以前低潮至多五場無安打，後來開始出現七、八場的安打荒，這對我們來說就是一種警訊。

因為身為職棒家眷的緣故，我認識了很多不同類型的職棒選手，看他們面對低潮時就可以發現不同之處，我認為不同選手有不同的「使用說明書」，有些選手的低潮來自疲勞，只要適度休息就可以恢復水準；有些人是心理因素，太過心急想打出成果卻適得其反，上場腦袋無法專注思考，這種狀況反而需要坐板凳或下二軍冷靜；而過去有成績、經驗豐富的資深選手，需要持續在一軍進行實戰，教練團愈信任他們、給他們足夠的打擊機會，他們就能從實戰自我修正回到既往水準，像是俊秀、國輝還有益全，都是這一類的選手。

早年教練團對核心選手的信賴度很高，給予穩定的出賽頻率和充足的打席，對益全而言就算小有低潮，只要不斷實戰他自然可以把手感調整到位，球隊也長年信賴他，給他充分的調整空間。

但在前球隊的最後幾年狀況變了，教練團變動頻繁，對選手的使用說明書也有不同見解，我甚至聽過有高層不認同選手有使用說明書、並否定心理因素影響運動表現的觀點，他認為棒球員「沒有使用說明書，可以就是可以，不行就是不行。」他也不相信心理負擔對選手造成的影響，認為「球員沒那麼脆弱。」

如果球團過於看重網路批評，只要看到選手表現不好被網友罵就急於換人，雖然適度參考輿論可以刺激進步，但真的需要審慎篩選，因為球迷想看到的只有贏球，不會有耐心等待，只要一個關鍵打席的失敗就可能被罵到臭頭，如果球團對球迷的批評內容照單全收，調度隨著批評開始大風吹，球隊調整步調肯定會亂套，原本低潮的主力選手可能再打幾場就能恢復，卻因為被球迷批評馬上被放到板凳，有一場沒一場的先發，或是只能代打，代打失敗就被下放二軍，以這種出賽頻率，經驗再豐富的選手也很難找回手感。

我和益全很清楚認知這就是職業運動的現實面，客觀環境的改變我們無法左右，如果益全的職棒生涯後期想要延續良好的發展，從自身做出改變是勢在必行的，也是我們能自行主宰的環節。

重訓帶來新幸福

要跳脫出既往的舒適圈，我與益全討論過最多的就是重量訓練。

為了「要不要重訓」這件事，我已經跟他爭論過很多次，尤其面對一個過去成績這麼好的選手，要說服他脫離習慣模式去嘗試重訓著實費了我一番功夫。

早在二〇一三年我就發現他不重訓，當時我好奇的問：「為什麼你當職業球員可以不用重訓啊？」

他回我說：「我不用啦！我不用重訓成績就這麼好了。」

當時全爸跟他一個鼻孔出氣，還半開玩笑的附和：「沒重訓就這麼好了，重訓下去還得了？」

我心裡想著：「啊本來就應該要讓他很不得了啊……」

益全職棒新人年時的體能教練「毛哥」孫昭立曾經一對一帶益全做重訓，益全當時真的很沒力，每次重訓完毛哥都會生氣的說：「我覺得帶你做重訓最後都是我在練，扶槓我出的力比你還多！」

乳酸代謝緩慢的問題，讓益全在重訓後的痠痛期拉長，沒辦法用百分百的狀態比賽，所以後來他就順理成章的逃離重訓，用增加打擊訓練量的方式來取代。

但我認為這種替代方案長期來看是無效的，重訓的目的是為了減緩肌力下滑，打擊練習只是增進技術和累積肌肉記憶，就算有成效頂多是強化部分小肌肉罷了；當時我不懂，也沒辦法解釋給他聽，直到近幾年他的低潮期逐漸拉長、擊球的飛行距離變短，這些警訊讓他不得不正視問題。

益全年輕時就仰賴持續出賽和大量打席來調整手感，球隊也都給足機會，全年結算時他的成績也都如預期般穩定，所以大家不會意識到他慢熱的問題；但在球團換血浪潮興起後，資深選手不再有充足調整空間，他必須學會在縮限的出賽數當中盡快打出成績，才能得到穩定的上場機會。

年輕時「我不用重訓就可以拿那麼多獎」的自信，和「不改變就可能離開這個舞台」的念頭開始在他內心碰撞，後來看了某位傳奇球星的例子，他也是靠練打來取代重訓，直到巔峰期過後揮棒速度變慢、長打數據跟著下滑，才意識到肌力流失靠練打是無法彌補的，他到生涯後期才知道重訓的重要性，但那時已經太晚了，益全在發現問題時則還有機會，也終於願意嘗試。

我跟你一起練

我的個性是碰到問題一定要想方法解決，而且我會身體力行，我如果要求益全要接受重訓，我就跟著他一起練，不讓他覺得在旁邊用嘴巴說說很容易。

二〇一八年初，我們先找到一間重量訓練教室開始做一對一重訓，我不希望他抱持著「老婆逼我來，那我就來應付應付」的心態，他一周練三天，我也跟著他一起練三天，我們當時做的是負重型重訓，他練的很痛苦，我也每天痛苦的要命。

HYPERFORMANCE
STRENGTH & CONDITIONING
健瘋體能訓練中心
Fight for your dreams

接受持續加重、苦不堪言的負重訓練過了數月以後新球季開打，益全的力量雖然變大了，但全身肌肉僵硬，原本的球棒控制和揮棒延伸優點反而無法發揮，上半季開打後，益全的擊球不是噴天就是滾地，成績不進反退，打到後來他也慌了，雖然他口頭上沒講，但看他的表情也猜得到他的想法：「怎麼沒重訓前好好的，重訓以後反而更慘啊……」

負重訓練模式對益全無效，也反映在成績下滑，當時全爸一直數落說：「叫你不要去重訓，你們就硬要去！」就連中信兄弟的張志豪也曾經跟益全說：「我重訓以後出現過三年的撞牆期。」益全聽了內心連連叫苦，他當然沒有本錢在這個年紀再承受三年撞牆期，加上二〇一八年球季全壘打大幅減產，讓他更惶恐。

我知道剛開始接觸重訓肯定會有撞牆期，但我認為長達三年之久是不合理的，後來研究發現益全這種偏向技術型而非力量型的打者，並不適合壓重式的重量訓練，我認為重訓一定是正確方向，只是我們的方法錯了，既然知道問題出在哪，去找到正確解答就可以了。

考證照是為了尋找正確方向

我自己親身嘗試過重量訓練後的疑問也是：「我不太理解這個項目是為了什麼目的而訓練的。」

為什麼要扛槓、深蹲？我不理解為了什麼目的練這些內容，教練的解說對於初學者而言太過專業，我們只能在訓練時單向接受新知。

盲目的扛重，追求負重的極限，益全半信半疑的配合嘗試，但看的出來他不是很認可，加上後來持續不斷的加重、再加重到他真的受不了了，他才提問說「都不知道在練什麼，這些項目鍛鍊的目的到底是為了加強什麼？」

他所提出的問題跟我內心所想的其實是一樣的，我也是覺得練習不應該盲目，抱著想「知其所以然」的初衷，我才去學習重量訓練相關的學理和實作證照課程。

證照的研習過程，我利用機會跟講師溝通，了解鍛鍊哪些項目可以提升單項運動表現，比如轉體訓練、藥球與棒球選手加強揮棒速度的相關性，具備理論基礎和實做經驗，我才知道如何有效幫助益全正確重訓。

我考證照的目的不是想親自指導益全，我相信專業，但我希望尋求專業協助的過程自己並非一無所知，如果我有理論和經驗做基礎，在與專業人士溝通的時候，我才能識別什麼方式是最適合益全的。

負重訓練以後，益全身體的力量是足夠了，甚至可以說力大無窮，但他全身僵硬，每次揮棒感覺都很想把球打爆，但是球就是飛不遠，二〇一八年因為上半季重訓的挫敗，下半季我建議益全先跟著球隊的訓練即可，一對一的重訓先暫停，直到我們找到正確方向再重新開始。

到下半季時我開始思索：「是不是重訓是對的，只是我們重訓的方式錯了？」

我仍然委託經紀公司幫我們尋找新的重訓教練，這次我不敢再貿然讓益全投入，我請他們先物色，有合適的對象先一起面談後再決定，因為他的職業生涯已經進入中後期，我們沒有本錢再用一年的時間讓他這樣實驗，我必須先跟對方聊過再決定。

後來輾轉找到「秋哥」林仲秋教練的兒子林弘偉，他是專業的體能訓練師，弘偉面談時告訴我，他看過益全的經歷和打擊型態後，覺得益全不適合盲目的壓重訓練，肌肉量要維持，但揮棒速度不能減慢，和弘偉面談後我發現他對益全訓練方向的想法和我類似，因此我們決定跟他展開合作。

核心強化的必要

我會去考核心訓練證照，同樣也是接觸重訓過程中產生疑問想尋求解答。

益全以前曾跟我說，國輝、阿德（張進德）、智賢（蔣智賢），都曾在比賽或訓練時腹斜肌受傷，他們都是旅美選手，負重重訓做很重的人，但我覺得不可能是因為負重過重而受傷，不然誰還敢做重訓？一定是其他方面出了問題。

我當時很疑惑：「重訓已經這麼嚴苛了，為什麼選手揮空還會受傷？」

因為內心存著這個疑問，我去研習核心訓練課程來找解答。

選手在訓練時感覺腰、背或腹部「緊緊的」有時是種警訊，碰到這種狀況要嘛就是休息、要嘛找防護員做舒緩，但多數球員會為了爭取機會選擇忽略，結果比賽揮空後拉傷。在核心訓練證照研習過程，對照過去曾經看過選手受傷的案例，讓我對核心訓練的重要有更深的體悟。

如果運動進行的轉體多，核心訓練一定要紮實，練核心很痛苦，但扮演非常重要的角色。像棒球揮棒、高爾夫揮桿都很依賴轉體動作，下半身力量傳導，靠核心穩固，再傳達到上半身，揮擊力量才會最大化；但若是核心不夠強健，轉體速度愈快、力量愈強，反而愈容易受傷。

核心訓練對打者的重要性有兩個，第一是力量傳導，第二是防止受傷，揮棒力量要從下半身傳遞上來，核心不穩住的話比賽過程很容易受傷，尤其力量型打者負重訓練都練的很勤，全身力大無窮，若是核心訓練不夠紮實，揮棒落空時側腹要承受強大的旋轉力量，很容易造成受傷。

球隊的重訓菜單都會有核心訓練，但多數狀況下訓練跟著球隊菜單就是相同的質與量，不見得完全適合每個選手，加上核心訓練過程真的很辛苦，如果不是教練一對一盯著做，團體進行的效果往往不夠紮實，球隊訓練人手不足，不可能支援所有人一對一訓練到位是情有可原的，想要精進者就必須投資自己，所以後來找才請弘偉教練來幫助益全。

我跟益全說，球隊的菜單能做就跟著做，但重心放在一對一教練幫你量身訂做的項目，尤其要著重核心加強和轉體訓練，因為這牽涉到揮棒速度，對於益全而言，他的揮棒速度無論如何不能掉。

益全以往可以常占據打擊、安打和打點等排行榜、甚至拿下個人獎項，在這狀況下全壘打數量可以順其自然；但隨著年齡漸增，安打數如果沒辦法每年在榜上佔據前三名，就必須考慮犧牲一些打擊率和短程安打，追求更多的長打量產。

在弘偉的建議下，益全調整了重訓方向，強調核心和轉體，以維持肌力、強化核心強度為目標前進。在技術層面，我們也請秋哥來協助益全做打擊練習，秋哥針對益全的打擊型態，讓他採取速度派揮棒訓練模式，透過狂丟猛打的餵球打擊練習，加強益全的動態視力和揮棒速度。

因應大環境用球彈性係數的改變，為了追求長打，益全也更改了使用球棒的棒型，他捨棄過去輕量化且配重平均的球棒，改採棒頭加重的新式球棒，在益全以高速揮棒的情況下輔以較重棒頭，擊中球心後的飛行距離飛的更遠，也因此在二〇一九年他的全壘打數如願獲得大幅度的提升。

吃是一門大學問

我會去學習運動營養學的知識，是因為益全在球隊的賽前飲食，從剛與益全結婚時，看他在球隊吃的東西，都跟我印象中職業選手該有的飲食模式落差很大。

我有看過他賽前吃披薩、肯德基，不然就是征戰外地客場時，球隊管理人員買的當地美食，球團叫什麼，球員就跟著吃什麼，賽前吃的飽飽的，血液都集中在胃部，上場以後根本沒辦法靈活思考。

有一場比賽，益全敲出一支深遠的安打，雖然球沒出牆，但外野手處理時又發生瑕疵，本來是一個二壘安打外加守備失誤，益全理所應當要能踏上三壘，結果他上二壘以後就停了下來。

賽後我與他檢討今日表現時，問到這個 play：「今天那一球你為什麼沒跑三壘？」

「賽前吃太飽，跑到二壘的時候肚子很痛，大便都快噴出來了。」他說。

「你可以滑壘上三壘啊，反正大便跟紅土混在一起，也沒人知道，啊你到底是多想大便，你要先對球隊有貢獻，先不要顧慮這麼多。」為了激勵他求表現，我有時候真的是個斯巴達式的悍妻。

這個例子說起來很好笑，但確實反映出他的賽前飲食出了問題，這讓我對職業運動員該有的飲食習慣產生疑問，所以開始多方諮詢，後來才知道，像日本職棒很重視選手飲食的領域，出國比賽會帶自己的廚師，頂尖球星如大谷翔平也有聘請私人的營養師來量身打造餐飲。

陽岱鋼的太太曾跟我分享說日本球隊會集合選手們的妻子開設課程，教她們烹飪營養的料理，讓球員回家後的飲食也能健康，有助於持盈保泰。雖然台灣職業運動在這方面還沒有這麼先進，但我可以自己去學。

我在接觸運動營養學課程後才知道，原來運動員比賽前、中、後的進食內容都有講究！

賽前主要應食用輕食，如果真的不餓，就吃香蕉或喝高蛋白。以往益全賽前都吃油質多的肉類、澱粉，這些東西在比賽的兩個小時間很不好消化，血液都集中於胃部，腦袋無法思考，反應會變得遲鈍。在比賽進行間，如果真的有飢餓感，可以流質食物或能量棒為主，只要能快速達到輕微的飽足感即可。

賽後吃什麼也很重要！以前球員賽後吃便當，什麼控肉飯、雞腿飯啊，一個比一個油！因為沒吃對東西，代謝太慢，隔天堆積疲勞，發現自己明明睡足八到十個小時了，起床還是覺得累。

雖然學到理論，但要我開出菜單，我也還沒辦法做到，所以我跟講師詢問，如果特定運動專項，例如棒球員應該怎麼吃？他告訴我們不一定要很痛苦的吃水煮餐，只要每一餐吃什麼拍照傳給他看，他可以提供微調建議，益全就可因時制宜，從球隊餐飲中尋找適合的營養補充。

以中職選手的作息，要益全水煮青菜、餐餐雞胸肉，他絕對受不了，於是從二〇二〇年初開始，我請營養師線上幫益全微調飲食，益全先拍球隊晚餐提供什麼，營養師看過以後回饋建議，告訴他哪些可以吃、哪些不要吃，哪些正常吃，哪些要去皮、處理後再吃。如果看過後覺得這餐蛋白質或蔬菜量太少，營養師也會給建議，問益全周邊有什麼可以補充蛋白質的東西，假設他還有時間可能會去買茶葉蛋來補，如果已經在球場內沒辦法買，他就喝高蛋白。

我們與營養師的即時飲食調配從二〇二〇年配合至今仍然持續進行，現在益全連小酌喝酒，也都會拍照讓營養師知道。

我考了運動營養學證照之後，平常購買家中料理食材也會依此挑選，如果益全賽後回家要吃東西，我會準備魚類這種較好的蛋白質給他補充營養，他吃飽沒多久就要睡，所以不能準備太難消化的肉類。就算沒有時間親自料理，我也會提醒他在點外送餐飲的時候吃哪些東西比較好。

休息的重要不亞於訓練

二〇二〇年洪一中總教練執掌富邦兵符，球隊的訓練從美式轉為日式風格，球隊的訓練量激增，既有的私人訓練加上球隊的訓練，益全操到職棒生涯第一次膝蓋積水，醫生說他訓練量過大，只能靠休息復原，但是因為正值春訓期間，職業球員不可能休息，所以後來只好靠抽積水的方式處理。

要提升運動表現，「休息」的重要程度不亞於訓練，疲勞恢復對運動表現是最大的影響要素之一，讓身體休息也是一門學問，我曾上過一個課程是教育運動員休息的重要性，內容有訓練菜單配置以及訓練後如何讓身體恢復。

我上這門課程的內容提到，運動員如果要休息就要全休，不只是不從事比賽和訓練，就連思緒都要徹底放空，他要球員在休息期間轉換心情，任何棒球相關的事都不要去想，鼓勵休息時去做一些能讓自己身心放鬆的事。

提升運動表現也需要學習疲勞監控，這部份我有實際運用在益全身上，讓他每天早上起床時要檢測記錄心跳，心跳過快時表示較為疲勞，恢復不夠，舉實例來說，如果益全測量後心跳平均數據是六十至七十下／分，表示身體恢復正常，如果來到九十下／分，則表示身體較為疲勞，當天就不宜做過多和過長的訓練，透過我在課堂上學到的理論，讓益全在生活上實際運用，確實有達到疲勞控管的功效。

訓練模式的調整也是休息的一種方式，假如職業球員在賽季間一週訓練兩次，這樣可以在當週第一天的訓練時專心鍛鍊上肢、讓下肢休息；兩天後進行週間的第二次訓練，此時改換鍛鍊下肢讓上肢休息，避免兩次訓練期間上、下肢都操作而沒有達到輪休效果。簡而言之，這個課程就是幫助選手更聰明的訓練、更有效的休息，養精蓄銳，才能在上場時增益表現。

健身也健心

當健身到某種程度後，健心的重要性會更加突顯，而要健心就必須從溝通開始。

我會接觸這門課程的目的，是因為我發現這個項目不只對投入訓練者有關，對於執教者的溝通技巧也很有幫助，這個項目的內容不是健身，而是「健心」，也就是強化心理素質。

在閱讀相關書籍時，我看過心理學的「冰山理論」，這是指討論問題時多數人往往只看到和提及問題的冰山一角，其實沒挖掘到潛藏在水面下更深、更大的冰層，而這些冰層才是問題的核心；如果沒辦法學會有效的溝通技巧，去挖掘深層的問題始源，來來回回只停留在冰山表面的探究，對於解決心理問題的幫助成效不大。

最初我看到益全打不好的時候，直觀檢討他比賽當下的狀況，問他「你怎麼了？」他也說不出所以然。學習教練溝通學以後，我比較會想探究表象之外更深層的內心問題，像選手在打不好的當下，是不是可能在思考獎項競爭的排名、或是潛意識裡在擔心先發位置的競爭等心理因素，這些才是導致他們臨場發揮失常的根本原因。

這門課本來是開給將來有志從事健身教練者來研究學員心理的，假設我未來要開設健身房，除了取得健身教練的相關證照外，作為教練的我，也必須學會溝通技巧才能學會如何跟學員談心，讓他們能突破心魔、持續堅持，達到訓練目的。

我自己實際上過課程以後，還發現這個課程有許多觀念可以幫助益全學習當一個好教練。

他現在已經是球隊的資深選手，我把上課所學心得跟他分享，我建議他跟學弟聊天時不要只聊表現好壞問題，不然碰到自尊心強、保護色重，或個性內向、不擅表達者都會聊不到問題核心。

學習教練溝通學，嘗試深度溝通，從洞察年輕選手的自我為起點，層層理解他的觀點、渴望及期待，才能剖析什麼原因造成他的低潮；若總是直接問「你怎麼了？」有高機率只會得到：「我也不知道。」的答案，因為他也覺得自己沒問題。

當選手說不出問題時，前輩可以用自己或他人的類似往事為例，與他當前的狀況連結來獲得選手認同，藉以誘導他們講出原本無法說出口的內心感受：「對！我現在就是這樣。」

其實不用為他提出解決方案，只要讓他正視內心深處正為哪個問題糾結，對方能抒發情緒感受問題就先解決一半，往後的比賽就能豁然開朗。

以前看益全在低潮時，我也曾經只追問他打不好是為什麼？「這顆球你為什麼打不到？是練不夠還是身體疲勞？」

若只是聚焦在單一事件，都只是水面上的冰山一角，就算偶爾湊巧能從事件本身發現問題，但長久以來沒能認識的深層問題，一定會再次導致低潮。

研習教練溝通學後，碰到低潮時我轉而問他：「你的心裡是不是在擔心些什麼？」例如轉戰統一獅隊開季和賽季的尾聲，他都經歷一段時間的低潮。

益全跟我分享，二〇二三年季初統一獅隊教練團給他機會，強調「我們一壘的位置會給你很多機會去守備」，結果他求好心切，太想快速回應球隊信任，才不會像過去一樣很快的失去機會，結果打擊時內心不夠平靜，反而沒辦法心無旁騖的揮棒。

我跟益全說，每個人每一年上天都會給他一個人生課題，像你在前球隊的最後一年，總擔心後面有人要搶你的位置，內心擱著這個問題結果影響到表現。人生就像打怪，一個關卡無法通關，就算重啟遊戲，下次回來還是要繼續面對同一道關卡，職棒也是一樣，今年你逃避一個狀況不去解決，明年你就會碰到相同的問題，除非先打破內心枷鎖，用不同的心境面對這個環境，同樣的問題對你而言就不再是個問題。

後來他掌握這個原則，讓自己屏除雜念放手去打，果然打擊狀況持續攀升！後來他的低潮大多不出在技術和身體，通常都是心態糾結在某件事情上所導致。

在球季尾聲的某場比賽安打掛蛋，我們夫妻倆曾促膝長談到深夜，我告訴他，「就什麼都放下，你一定要學會放下執念，執念才不會糾纏著你影響表現，只要紮實的擊出每顆球，結果讓上天安排就好。該揮棒的時候掌握住，剩下的你都不用去 care。」

那天聊完以後，隔天他到球場時，他告訴我他的揮棒馬上就順暢了。

跨越看不見的心牆

心理因素影響表現的程度很巨大，尤其成就愈高的選手，愈有堅強的外在武裝，他們內心的恐懼與脆弱不能輕易展現，害怕家人擔心所以無人可訴說，在沒有適當的宣洩管道下，長期的心理負擔會影響到在球場上的表現。

我見證過益全在前球隊最後一個賽季，眾多過去戰功彪炳的資深選手們臉上緊繃缺乏自信，打到慌亂茫然，因為心裡總想著「先發機會朝不保夕」，上場前的思慮過多，總擔心「這個打席被三振怎麼辦」，滿腦子想的都是不要雙殺、不要三振，帶著憂慮站上打擊框框，擔心的事情就更可能發生，這也是吸引力法則的驗證。

看益全打職棒十年來，我從來沒有像在前球隊最後一年那樣看到他打到不知所措，甚至有一次竟然跟我說，他突然不知道怎麼打球了！我們夫妻倆像無頭蒼蠅一樣向各方諮詢尋求協助，教練也問了、運動科技檢測也做了，甚至連廟裡拜拜也都拜了，但就是沒能發掘根本問題：心理負擔影響球場表現。

轉戰統一獅的第一年，開季益全同樣打的綁手綁腳，當時獅隊除了心理師做輔導外，甚至還找牧師來幫忙，但益全覺得效益不大，並不是說心理輔導不重要，而是輔導者不夠懂棒球，他們諮詢時問的問題是：「你人生裡有沒有遭遇什麼高低潮……」這樣的問題太籠統，加上通常運動員不會輕易主動訴說內心問題與狀況，甚至也有根本不知道自己問題的選手，要想解決職業球員的心理問題，需要輔以球場的案例，針對選手適性做客制化輔導，更要懂得用誘導式來走入球員內心，才有成效。

發現這個問題的嚴重性後，我才決定要接觸運動心理學，心理輔導是一門重要學問，如果學得不夠紮實對選手的效益不大，所以我讓研習進度順其自然放緩進行，但以「挖掘問題、抒發心理壓力」為出發點，我在機緣巧合下找到了全新的媒介，就是精油芳療和占香觀讀，簡單說就是透過抓精油或各式牌卡來解讀現在目前這個人遇到的問題是什麼，精油或牌卡會給你明確的指點與方向，這同樣有助於我快速理解他人心理、幫助抒發壓力、發掘內心問題。

用嗅覺開啟大腦記憶

嗅覺是大腦最原始的感覺之一，過去有醫學研究表明氣味會瞬間帶給心理和生理上的效應。

我最初喜歡精油薰香，純粹是因為環境芬芳自己聞了心情好，後來因為益全的姊姊有在研究，她分享我們精油對身心靈層面的影響效應讓我覺得很特別。從在前球隊後幾年我就一直很在意益全的心靈面問題，沒想到心理學外還有別的方向可以切入。

嗅吸精油時，呼吸道吸收精油分子，從鼻黏膜、肺部、微血管、肺泡進入周圍的毛細血管，再透過血液循環系統傳遞到各器官；又透過嗅神經傳導至大腦邊緣系統，影響自主神經、內分泌等等，並刺激海馬迴、杏仁核等邊緣皮質，對人的學習、記憶、情緒產生作用。

簡而言之，鼻子吸入特定氣味，經過反應後氣味的信息傳遞給大腦，並引發化學物質釋放，導致後續的影響，是最直接且快速的。

在上芳療課時，我先學習各精油的結構及相關功效，在此也特別提醒，要達到功效需使用百分之百從植物中萃取的精油，也就是要純天然。不同的精油配方可以產生不同的效用，例如薄荷、洋甘菊、迷迭香和薰衣草會影響情緒和記憶，薰衣草可使情緒冷靜，可幫助心情平靜；薄荷能激發情緒和思維能力；洋甘菊有鎮靜安神的作用，適合放鬆時使用；迷迭香則可提高記憶力與專注度。

課程另有教授精油外用成效，像輕微燙傷時，用薰衣草精油擦燙傷傷口，立刻可以達到舒緩效果。我在課程中學會調配複方精油，用真正薰衣草、岩玫瑰等四支單方結合的複方精油可以做為萬用油，身體有跌打損

傷、破皮流血等緊急狀況都可以使用，岩玫瑰精油有使皮膚再生、去疤、迅速止血等功能，薰衣草精油則可幫助受傷時安定情緒。

我幫益全調配了萬用精油，讓他在訓練或比賽時的輕傷可以緊急處理使用，二〇二三年益全有次自打球和觸身球剛好都在關節處，以往碰到這種狀況都會腫脹好幾天，我當時看到就傳訊叫他賽後馬上擦拭精油，當然他該做的冰敷治療還是照做，讓精油搭配輔助，結果賽後馬上擦加上睡前再擦一次，自打球打中腳踝的部分瘀青散的很快，甚至隔天完全沒有任何腫脹。

有一次他跟我說他情緒莫名低落，我就用野菊加薄荷的精油讓他聞，心情快速就平復回穩。精油不是食物，不需要透過消化系統，身體吸收轉化產生效益的時間更快，如果透過嗅吸，直接到腦部刺激杏仁核、海馬迴，身體馬上就有感知與反饋。

除了用來放鬆心情和舒緩身體運動傷害，我後來也相信精油香氛可以排除負面能量。

或許一般人不太能理解，但是球員真的會常常有本來在某一個球場打得很順手，安打產量也都穩定，結果換一個球場打球運勢就變差，因為環境的磁場大不相同。像益全就常常覺得去桃園球場的時候感覺不對，也常常在這個球場打不好。後來我考取調香證照後，讓他攜帶調配好的精油去球場薰香，幫助他驅趕負面能量，消除負面磁場影響。

不管你信不信，我相信精油也可以防堵「阿飄」的接近。

職業球員常常四處征戰，對於鬼神之說「寧可信其有、不可信其無」，像他們覺得住飯店第一間跟最後一間的房間方位是最不好的，容易卡到陰。在義大犀牛時期有一年當時的某位隊友那段時間狀況絕佳，結果就只是一次入住飯店時住在角落最後邊間，隔天起床後就頭暈想吐，當天比賽莫名的打不好還發生失誤。

後來我若隨益全出去外地客場時，住宿飯店我也會隨身攜帶精油去下榻的房間薰香。有一次打花蓮客場，當天住的飯店就讓我有一種說不出來的怪異感，入住後我也忘記馬上使用精油薰香，後來益全去比賽，前兩場球運出奇的差！晚上睡覺的時候我還做夢夢到被鬼追著跑。

隔天我趕緊拿精油薰香，放在房間從早到晚點一整天，說來也奇怪，薰香當天晚上雖然還是夢到有鬼，但那些鬼怪都被擋在一層透明的防護罩外面；起床以後這件事我先沒跟益全說，讓他放心去比賽，結果益全當天表現很好，整個氣都順了起來，我才跟益全說昨天晚上薰香後的夢境。

就算這只是巧合，只要心理作用能幫助我們安心，那相信其實也無妨。另外補充一下，後來結束花蓮遠征回家後，我有上網查詢那間住宿飯店的資料，才知道那裏有鬧鬼傳聞，也有網友分享在那間飯店碰到的靈異事件……

精油淨化氣場的過程我們肉眼當然看不到，只是選擇相信，球場上的奇特事情太多了，也有很多受傷狀況是很離奇的，我們選擇寧可信其有，只要相信的事情無傷大雅，讓自己多個可寄託的信念其實是件好事。

我們使用的精油都是植物天然萃取，沒有化學添加物或摻水，對健康是無虞的。信仰對於心靈支柱我都可以接受，像配戴平安符保心安這些都很好，只要不是叫我們喝符水這種既影響健康又不合邏輯的做法，任何良善的信仰其實都可以接受。

退一萬步說，就算你不相信磁場或氣場，精油氣息讓環境芬芳，人聞起來心情好做任何事運氣也會比較好；反之，大家常說選擇位置不要離廁所太近，迷信的說法是「路衝」，科學依據就是氣味影響心情，鼻子聞到滿滿都是廁所臭味，心情怎麼可能好的起來？

有時益全賽後回家，會因為情緒還處於比賽時的亢奮激昂造成難以入眠，這時使用精油可以幫助他安撫副交感神經，也能平衡交感和副交感神經，好好休息，讓身體盡快恢復以支應來日的比賽，等於精油使用間接有了提升運動表現的功效。

善用工具，洞悉心理

心理輔導運動選手的最大門檻往往在於「壓力是抽象的東西，很難具體描述」，這時就需要透過器材輔助來幫助選手挖掘深藏在內心的問題。

精油牌卡占卜，是類似塔羅牌的模式，抽牌者當時的經歷與氣場會讓他選擇到某張牌卡，再由占香師解說抽到的牌卡內容，好像去廟裡抽籤請人解籤詩的概念。占香師解釋抽到的牌卡過程可以幫助抽卡者聽到自己可能正在煩惱的處境，從中獲得同感，有助於建立分享心情的橋樑。

這個模式很適合不知道自己哪裡有問題或不擅長表達的選手參與，有時是選手不會講、或是雙方不夠熟不好意思啟齒，或甚至根本不知道自己問題出在哪。透過卡牌解說，可能會反問他「你最近是不是腸胃不好、是不是壓力大睡不好，是不是家裡有什麼讓你擔心的事情？」諸如此類，抽牌者可從中發現自己原來有在憂慮哪些事情所以影響工作表現。對於不信任占卜者，可以讓他把占香當作一個心理測驗遊戲，這樣能幫助受測者卸下心防，讓他獲得感知，找出問題所在。

後來我跟益全又共同鑽研了一門更適合他快速了解選手、幫助後輩的學問，就是「數字易經」，這是以受測者的西元出生年、月、日的加總所得出的尾數，去對應該數字所屬的性格，，深入研究時更發現透過數字不只看到這個人的個性，也能知道他身體狀況、夫妻相處、流年、流月、流日之高低運等，只要知道對方生日就能快速判斷，與星座、血型的統計學概念類似。順帶一提，我在二〇二三年底也在馬來西亞上課後順利取得「國學易經認證諮詢師」資格。

一起學習這門學問，我們彷佛重拾學生時期的占卜或心理測驗得到的樂趣，而且也幫助到益全指導後進的需求，選手生日都是可查資訊，他只要知道溝通對象生日加總是幾號

亚洲易经

人，就能概括得知他的性格特質、能用什麼方式與他溝通；未來當教練的時候，若他能知道選手是幾號人，也就能概略知道他性格上的優缺點，要在什麼時機使用他？要怎麼溝通他才聽得進去？這會是管理者非常好用的輔助工具。

初識運動科技

回想我陪伴益全的職棒生涯過程，因應不同時期的需求，為設法增益他的運動表現，我已經從許多方面著手，運動心理學、芳療、占香和數字易經，都是走心靈療癒層面，而運動科技則是從外在做輔助微調。

轉戰統一獅前期因為開季的掙扎，我們尋求貝斯沛拉棒球學校的科技檢測，我當時的初衷本想至少用數據驗證他的揮棒沒問題以求心安，沒想到儀器檢測後發現他當時的揮棒真的有問題！

透過密集揮棒，運用高空攝影拍攝揮棒軌跡，累積畫面後格放，再經由系統取得揮棒數據，與資料庫中美國職棒小聯盟的數值做對比，發現益全當時的揮棒仰角不太穩定，測試中有三十顆仰角良好的擊球、十幾顆仰角過高、十幾顆仰角偏低，測試結果是擊球不良仰角的比例偏高，揮棒品質不穩定，本來測試只是為了求心安，結果一測之下真的發現問題，算是意外收穫！

在技術人員講解數據過程中，益全面無表情的發呆放空，我當時心想：「他是不是又鐵齒不認同新科技，還是覺得我們又在外行指導內行？」

離開棒球學校以後，我詢問他的想法，益全說他一開始聽不太懂運科人員所講的專業術語。運科技術人員對於數據很專業，但因為他們沒打過棒球，所以解說起來比較沒辦法轉換成棒球員能快速連結的語言，當時他看起來在放空，但其實是一直在思索這些測試結果怎麼跟自己的實作做連結。

他說明以後我就理解他的疑問，因為我聽得懂數據統計，也大概懂益全的棒球運用，我用我的理解翻譯給他聽，我們在外面的咖啡店聊了兩個多小時以後，他就比較能懂運科人員給的數據所代表的意義。

透過運科檢測發現問題，我再與益全交流，將科技人員的解說轉譯為易懂的解釋，益全理解後再用球員經驗做出調整，並帶入實戰測試，雖然擊球仰角的問題一時無法完美解決，但他先以檢測後的發現，力保打擊時的擊球力量不被分散，他在二軍實戰嘗試後效果不俗，也一路把好表現帶回一軍。

經過這個案例，運動科技成為我與益全未來想要努力的新方向。

運動科技在台灣仍處於萌芽階段，檢測結果可以由專業人員說明，但球員聽過後要理解仍需很長的消化過程。我認為益全的條件算得天獨厚，他在球季間還能抱持開放態度，有自發的調整意願，同時還具備經驗和技術，檢測後發現問題，只要他能理解數據代表的涵義，就能快速做出應變。

初次接觸運動科技，我從中吸收和「轉譯」的過程中發現到，運動科技在台灣的接受度高低，除了取決於經費和硬體，教練團和球員的接受度也將占據決定性的因素，此外，這門學問要能夠運用，還需轉譯媒介做為傳統與革新的橋梁。教練團和選手都要能敞開心胸共同熟悉這套系統，分項教練在執導選手時也要習慣用運科語言在執教時靈活運用，才能幫助選手改進缺點，這些都是環環相扣的。

我讓益全在生涯後期率先嘗試參考運科數據，用他的天賦和經驗做出微調，從做中學習並驗證結果；此外，讓他接觸運科除了幫助選手生涯延續外，也可以提早學習運動科技專業如何連結球場實做，為他將來擔綱新時代的教練預先鋪路。

「助人為本」的學習之路

從尋找共同話題為出發點，我陪伴益全職棒生涯十餘年來真的學習了五花八門的學問，有些是出於好奇、有些是覺得好玩，並不是去學每個項目時我都有很明確的目標。有一段時間我發覺自己所學的東西沒有做出整合，讓我有點茫然，為了避免盲目進修，我暫停休息了一陣子，因為我覺得自己好像「樣樣通但樣樣鬆」。

到我學習精油調香的過程，思緒似乎因為香氛的影響逐漸澄明，以往所學的項目都產生聯結，有種融會貫通的感覺！我過去考的證照、學的課程，無論是理論還是實作，是身、心靈訓練的任何層面，其實都圍繞在「幫助運動員更好」這個核心精神，剛開始

我只是希望自己的學習能夠幫助丈夫更好，後來希望他能跟我一起學習，幫助他周遭的選手都更好！

考證照的過程除了上課，回家還要複習、練習，還得準備考試並順利通過，我知道要讓還在職棒現役的益全來接觸這些內容，肯定會很辛苦，也很容易產生排斥，所以我自己率先投入，先自行學習吸收，再濃縮成精華版分享給益全，這樣對他先是有立即性的幫助，也能幫他預習，比起到退休後才開始從頭學起，這樣的先修模式似乎更有效率一點。

以後益全如果擔任教練，對於後進選手的培養，甚至是我們自己家的小孩如果也要從事運動產業，因為我們已經先經歷過這一段，或許可以讓年輕人少走一些冤枉路。

我相信學習的力量，也相信術業有專攻，就算我學了各種不同新領域後拿到證照，也是為了能了解細節、方便溝通；當碰到實務問題，專業人才比我們更具備多年積累下來處理無數個案的經驗，碰到問題他們能快速判斷，做出正確的協助，比純理論派的應變能力更好，但只有我自己親身學習過理論，才能更有效跟專業人才對話，從中識別最適合的人選來幫助選手成長。

為未來夢想鋪路

過去我念到碩士文憑時只是為了逃避社會現實，不知道自己念書將來要幹什麼。這幾年重回校園就讀EMBA（高階管理碩士班）時和之前完全不同，我已經在為了具體的計劃在鋪路。

結合過去的經驗，我和益全想在將來創設一家服務運動選手的複合型運動公司，服務

內容包含：運動檢測、重量訓練、運動醫學與傷害防護、數據檢測、運動心理……等等，透過公司整合，讓這些領域的專業人士能夠直接接軌，對選手做一條龍的服務。

如此一來，若選手有訓練、看醫生、科技檢測、傷後復健和心理諮詢等需求，都不需要反覆奔波到各地看診，可以透過同一家公司的整合服務，在同一處完成，或是在同一條線直接對接，也就是所謂的一條龍服務，對選手醫療、復健、訓練和提升表現都更有效率。

此外，透過水平整合，醫生、心理師、防護員的資訊可以有效對接，專業對專業更能準確傳達選手當前狀況，做出對選手最有利的醫療判斷。

以往醫生跟選手講，再由選手轉達給防護員，容易產生傷後回診時醫生建議還要再休息，但選手覺得自己可以打，結果勉強上場造成二度傷害的報銷憾事，如果醫生跟訓練員的資訊能夠直接接軌，就可以阻止選手在傷勢沒完康復的情況下勉強自己，最後得不償失。

因應益全隨時可能會從選手生涯退下來當教練，我也想要先規劃未來要做什麼事業，但自己關在家裡亂想也找不到答案，做任何事想成功都需要眼界和人脈，所以我才會再次踏進校園，多認識不同產業的跨領域人才，累積非利害關係的人脈，也培養自己進階的溝通和決策能力。

攜手的過程，都是寶藏

以二〇一三年為起點，以往學習的這些東西都不是為了我自己，一開始只是為了益全的職棒之路能更為順遂，後來有很多跨領域的學習是來自於夫妻閒聊時天馬行空的靈光一閃。

從我們一起重訓以後，益全就一邊思考未來退休後可以嘗試的創業方向，他特別重視親子關係，所以曾經建議我們可以朝兒童體適能和兒童樂樂棒球方面的方向創業。

因應他的這個想法，我去上了青少年體適能課程認證，還因為想要累積實務經驗，跑去幼兒園自我推薦當課後才藝班老師，教小朋友們兒童體適能和樂樂棒球，二〇一九年我在幼兒園執教了一年，直到後來疫情爆發才暫停，那個過程真的很快樂。

還有很多特殊經歷也是因為林益全的突發奇想，為了他靈光乍現的創業想法，我就會去了解業界資訊。

例如益全曾說：「洗車場是一個很大的市場。」他想要退休後開一間大規模的洗車場，我想：「那好啊，既然要開，我就來了解這個產業的生態。」

做了功課後才理解，光挖一個地下水井就要花費三百萬，本來我還在請仲介找地點，到處勘查哪裡適合開洗車場，就在我們評估之間，碰上中南部地區開始限水，台中一個禮拜有兩天不能用水，彷彿上天給警示要我們不要開洗車場。

益全也曾動念想開健身房，我也多方研究不同客群的重訓證照課程，考取相關證照，也做了關於銀髮族、三高族、兒童族群等體適能訓練需求族群的相關功課，雖然後來籌備開重訓教室時碰到疫情爆發所以暫緩，但我們有很多很棒的概念在這個階段就已經萌芽。

像是兒童體適能就是，我們想教導年輕棒球選手在當了爸爸以後，放假在家如何跟自己的小孩互動能做出更有意義的陪伴。兒童體適能可以在遊戲間無壓力的達到訓練效果，在家裡就能讓小孩用遊戲方式從事訓練，提升兒童的肢體能力和手眼協調，職棒選手陪伴小孩的時間很珍貴，願意投入互動與陪伴是好事，如果能在過程中達到學習和訓練成果，那就真的是一舉多得了。

我和益全相知相守，擔任守望和協助者的角色，也是我從人妻成為事業共同夥伴的過程，我只是秉持著「人不進則退」的概念，督促自己和益全一起成長，到後來所學愈多，我也從中找到自己喜歡的事物，像是精油牌卡、心靈成長、數字易經等，都是我在過程中樂此不疲的收穫。因為多年來的跨領域學習，我發現人生的廣度和深度都有所進益。

在這段過程當中還有意外收穫，因為源源不絕的獲取新知、溝通砥礪，我們夫妻間的話題十餘年來從不間斷，生活中不再只有柴米油鹽的瑣事，我很慶幸自己沒有在丈夫四處征戰時只關在家裡，把眼界停留在封閉的環境當中，而是跟著益全一起把腳步邁了出去。

因為透過寫書的契機，我回憶跟益全的溝通過程，從他堅持專業的鐵齒，到後來半信半疑、透過實作驗證，他發現很多事情我都有言在先，後來也確實都一一應驗，多次實證讓他更信服我說的話，所以他對我新建議的包容程度也與日俱增，我藉此不斷給他新資訊和新挑戰，刺激他不斷向前，而督促他的過程，我也一定會親身參與。

以協助為出發點，在婚姻關係當中產生了更多不同的火花，從旁觀者、輔助者到合作夥伴，益全的球員生涯順利延續，我也從中獲得了成就感，甚至還找到新目標，為了共同的信念一起努力。

現在我們的藍圖也把孩子們納入其中，如果益全以後真的要當教練，我希望他先去國外進修，無論日本、美國都好，一定要持續開拓視野，屆時如果孩子也想打棒球，還可以帶他們一起去國外學習，體驗彌足珍貴的親子共同成長旅程。

第三部

溫柔而美麗的晚霞

第 5 章

媽媽與寶貝

從為人妻到為人母，除了結婚以後才發現「懷孕沒有連續劇演的那麼容易」之外，基本上設定好的人生目標都如我預期般達成。看完婦產科以後我如願懷孕，而且孕期非常順利，女兒「小蝦卷」在肚子裡頭好壯壯又很乖，女人懷孕時常遇到的不適感我幾乎都沒遇到。

因為過程太過順利，前三個月我除了肚子微凸之外，任何懷孕徵兆如孕吐、口味改變等等全都沒有！我一度還懷疑自己是不是根本沒懷孕，我跟益全說：「欸！我肚子變大會不會單純只是吃太多啊？」我還曾經半夜做惡夢，夢到自己其實沒有懷孕而驚醒！直到四、五個月後寶寶開始有了胎動，我才真的比較有懷孕的踏實感。

我很早就決定要自然產，懷孕時我公公曾經分享過他在國術館聽人說的經驗，很多人說打無痛分娩的產婦之後常常會有腰酸背痛的後遺症，所以我也被說服生產時不要打無痛。

生女兒小蝦卷的時候，正好碰到二〇一三年球季益全休賽季的頭一天，那年義大犀牛在總冠軍賽被統一獅隊四戰横掃，反而因為這樣，益全在冠軍賽最後一場打完當天居然還能趕上陪我進醫院待產。

一開始進醫院的時候我還沒開始產生陣痛，我曾聽我婆婆說，生產印象最深刻的是很痠、痠到骨頭裡的那種！我剛開始也只是感覺到痠，於是我心裡想：「喔！人家說的生產痛，應該就只是痠而已吧？」我一邊吃著麥當勞一邊天真的這麼想時，產前陣痛開始對我發動瘋狂襲擊！

陣痛襲來的感受是很難用言語形容的，我只能說我當時瘋狂大叫，並且開始歇斯底里地大喊：「我要打無痛！」到陣痛暫歇時我又冷靜如常，但每次的陣痛來臨都會讓我重新人格分裂一次，循環反覆。我在十月三十日總冠軍賽結束當晚十點進入產房待產，陣痛時的喊叫聲上至樓上的月子房，下至樓下看診的診間，都能聽得一清二楚，當時醫生和護理師還不時地輪流進來待產室關心我說：「你看如果你有打無痛，現在就輕鬆的在吃麥當勞了嘛！」

但是當時後悔已經太晚了，我的疼痛指數爆表，不斷尖叫嘶喊著：「好痛、好痛！」我抓狂的責怪林益全：「都是你們啦，叫我不要打無痛！」益全看著測量疼痛指數儀表上的數字不斷飆升，他還在旁邊認真的說：「你看，九十、一百、一百二十、一百四十……喔喔喔一百五十了欸，這如果是投手球速的話妳看看有多快！」

我當時的疼痛感已經進入煉獄等級，他還在旁邊繼續鬧：「喔喔！一百六十了，天啊！這個大概閃一秒就進壘了！」我一邊忍著劇痛一邊怒吼：「林益全，等我生完我一定要揍你！」

我生小蝦卷整整痛了十七個小時才順利把她生出來，即便生產前我每天散步兩小時，做青蛙蹲兩百下，生的時候還是很痛，我只記得我隨著陣痛不斷的處在精神分裂的狀況，一下大吼林益全為什麼不勸我打無痛，一下又覺得不要打無痛才好，雖然過程辛苦，所幸小蝦卷出生以後一切都平安健康。

因為生第一胎為避免後遺症沒打無痛，所以第二胎生兒子喬治的時候，我還是選擇不打無痛，不然我之前就白痛了……當時益全是春訓期間，因為有先前的經驗，我剛開始有產兆就先去婦產科待命，然後才通知益全過來，到了醫院以後，因為不知道這次要等多久，

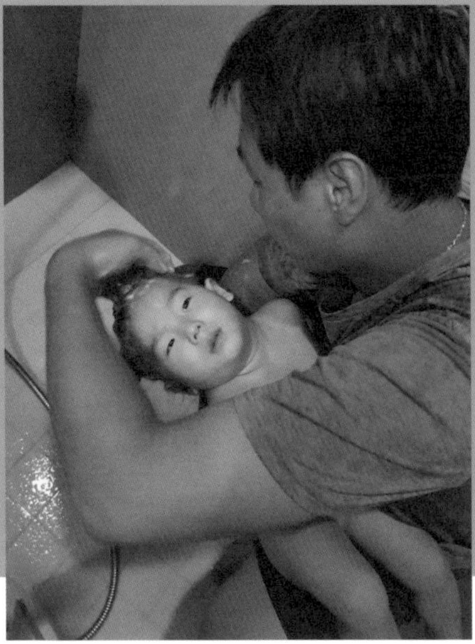

益全就先去買午餐，結果他才剛點完餐就接到護理師打來的電話：「你老婆快生了！」餐點都還沒做好，他趕緊叫店家打包，等他上樓的時候我已經進產房了，當他還在櫃台寫資料、思索「我老婆的身分證字號幾號」的時候，產房那就通知他兒子已經出生了。

生喬治時我是中午進醫院，一點多就生了！很順又很快，因為陣痛的時間很短，讓我會分辨不出到底是生產的陣痛還是肚子痛想上廁所的痛，也難怪以前人常開玩笑的說「第二胎真的很容易去上個廁所不小心就生出來了。」

現在回想起來，我在產前真的很順利，而且還是一個不忌口的胖子，三餐外加點心宵夜一天吃到五餐，還有公婆提供的食補，我兩胎懷孕期間都胖了十七公斤！我後來在想，其實食補可以吃，但要吃對東西，補充足夠的營養，每餐的量不用多，但是重點是：懷孕的過程要開心。

比起生產的過程，我覺得最讓我感到煎熬的是生完後的擠奶。

生完小蝦卷以後我一開始不知道要出乳、擠奶，也沒有去試擠，結果到產後第二天因為奶量太多，胸部已經脹成石頭奶，輕輕一摸就痛到骨子裡，比起生產的陣痛有過之而無不及！因為擠不出來，泌乳師說只能靠寶寶吸，但因為小孩當時的嘴巴還比較沒力，吸不出來就是得要選擇打退奶針，但我認為小孩喝母乳對免疫系統有幫助，所以我堅持不打退奶針，忍著痛楚勉強硬擠才終於成功。

我的母乳「產量」真的很多，一天可以擠出兩千cc，冰到月子中心的冰箱都放不下，時不時要電話通知我要「出清庫存」。我每兩個小時必須要擠一次奶，每次一邊擠半小時，等於擠一次奶就要耗費一個小時的時間，而小蝦卷又每兩個小時固定會起來吃奶，如果她餓醒的時間跟我擠奶的時間對不上，我就會整個晚上沒辦法睡覺。

小蝦卷出月子中心回家以後的前一兩個月剛好還有重疊益全休賽季的放假期間，益全有一起顧到前兩個月，當時我們半夜輪流起來餵小孩，因為起床次數頻繁，兩個人都睡眠不足。

我記得有一次小蝦卷半夜哭醒，益全爬起來哄她讓我繼續睡，我恍惚間聽到他在拍小孩的聲音，但我還是持續聽到蝦卷在哭，我心想奇怪，啊不是已經在哄了，為什麼還哭個不停，於是我爬起來一看，才發現益全抱著一顆枕頭在哄，他已經累到恍神了。

後來因為益全要開始準備球隊訓練，我讓益全先分房出去睡，至少要累先累一個人就好，讓他可以專心在工作上；後來喬治出生以後也是這樣，我婆婆心疼我們太累，曾提議過要不要晚上她來幫忙帶，但我也擔心這樣長輩會太累，我就請她白天的時候幫我照顧，這樣我就可以輪休，他們也不用半夜睡不好。

生喬治時我還是一樣母乳產量驚人，因為擠奶實在要花很多時間，所以我一度試著偷懶，把擠奶間隔時間拉長到三個小時以上，結果糟糕了，這次不但脹成石頭奶而且還乳腺發炎，我發燒燒到半夜去掛急診，醫生只能先讓我吃退燒藥，然後詢問我要不要乾脆打退乳針。

蝦卷我餵母乳堅持餵了一年多，我希望喬治至少也要餵一年，不想要兩三個月就半途而廢，所以我再次堅持不打退乳針，忍耐著劇痛硬擠了兩個小時，看到我疼到眼淚都流出來，小蝦卷也在旁邊邊哭邊幫我打氣：「嗚嗚，媽媽加油！嗚嗚！媽媽加油！」看到她哭，我還要先一邊安撫她，然後繼續忍痛擠奶，結果泌乳師來也擠不出來，只好拿針筒打乳頭勉強讓乳腺暢通，那個痛楚已經是地獄等級的痛，一開始擠出來的母乳都是血，益全還開玩笑跟我說：「你看，都變成草莓牛奶了。」

生產時的陣痛，都沒有脹奶跟乳腺炎的痛讓我印象深刻，不過也因為堅持讓小孩喝母奶，蝦卷和喬治的抵抗力真的比較好，蝦卷在幼兒園中班以前都是我自己帶，在上學前她幾乎沒感冒過，喬治後來也是，他們就算上學後偶有感冒、腸病毒，生病時間也沒有拉的很長，發燒也沒超過一天。

讓我更慶幸的是，他們除了抵抗力好，在幼兒園的學齡期間也沒有什麼讓我很擔心的生病和受傷，除了喬治一次看牙齒的狀況讓我有點膽戰心驚以外。當時喬治有一顆乳齒在肉裡面長不出來，後面的牙齒還往前倒蓋在上面，帶去牙醫診所看過以後，醫生說這個不是很好處理，轉介我們到中國醫藥學院，那邊的牙醫說這個需要「全身麻醉再拔」。

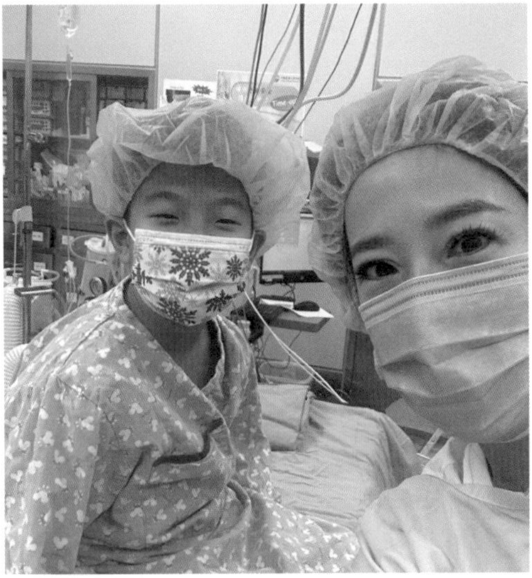

我當時有點不安，怎麼小孩拔個牙齒弄到要全身麻醉，麻醉前我先陪同喬治進去，陪到他睡著再出來，小孩打麻藥有兩種方式，一種是戴面罩吸取，一種是打點滴，喬治說：「我當然要先用面罩吸，這樣等等睡著以後打點滴就不會感覺痛了。」

我本來以為小孩麻醉會像大人那樣，大概從一數到四就昏睡了，結果喬治一路從一數到九、超過十，都還沒睡著，後來我才知道小孩麻醉會慢慢放藥的關係。他被麻醉的過程讓我嚇了一跳，在數超過十以後他不是直接睡著，而是先翻了白眼，並且坐起來開始躁動，我當時很害怕，不知道他是怎麼了，然後就被護理師請出房外稍候，我是後來才知道小孩子麻醉都會這樣，但當時真的很害怕，偏偏他這次拔牙又弄了一個半小時，我整個過程緊張到胃超級無敵痛。我心裡面已經很忐忑了，益全還在旁邊說風涼話：「奇怪，拔個牙怎麼這麼久？不是就把他打昏然後把牙齒拔掉就好了嗎？我們小時候都棉線綁著牙齒，一邊綁著門然後一拉就拔掉了啊。」

好在後來拔牙「工程」順利完成，喬治起來以後跟我說，他本來很擔心自己會「麻醉不了」，中間會痛醒，我問他會不會覺得麻醉藥很臭，他說：「不會啊，跟爸爸喝的威士忌味道很像。」（益全有時候會在休假期間或球賽隔天放假時，在家小酌，或許這是他一種可以放鬆紓壓的方式）我笑著對喬治說：「那還真要感謝你爸，讓你從小就聞習慣了那種味道。」

選學校的煩惱

小朋友要就讀哪種類型的幼兒園，當時對我們來說是一個新課題。

益全一直覺得他自己從小因為學打棒球的緣故，學生時代過的生活是很辛苦的，因此他希望自己的小孩上學時可以開開心心，每天去學校好好玩耍、好好吃東西就好，但我堅持要讓小孩上全美語的幼兒園。

在開始物色學校前，我一直以為幼兒園是付錢就一定可以進去念的，多方探聽後才發現，全美語的學校要等待、要排隊，九月開學，我三月的時候去問，心想自己已經算很早去預約了，沒想到很多家長是小朋友表定今年入學，去年就已經來候位，甚至還有準新手爸媽是在懷孕階段就已經提前來登記了！我這才知道全美語學校有多麼搶手。

當初提及全美語學校的想法，我公公婆婆和益全都擔心上全美語的學校會帶給小孩太大的壓力，尤其蝦卷沒有上小班，中班才要開始入學，剛習慣團體生活又要整天講外語，加上她在家時也完全沒接觸過英文，他們都擔心小孩子壓力太大。

我對益全說：「壓力都是我們大人自己認為的，我們是用大人自身的觀點來看學習英文這件事情才會覺得很困難，但對小孩來說，當週遭同儕都在做同一件事的時候，他們會覺得那是自然而然習慣的模式，不會認為那是一種壓力。」我希望他先不要畫地自限，讓女兒先去嘗試看看，如果蝦卷真的有不喜歡或不適應的反應我們再來調整，後來益全也同意了我的做法。

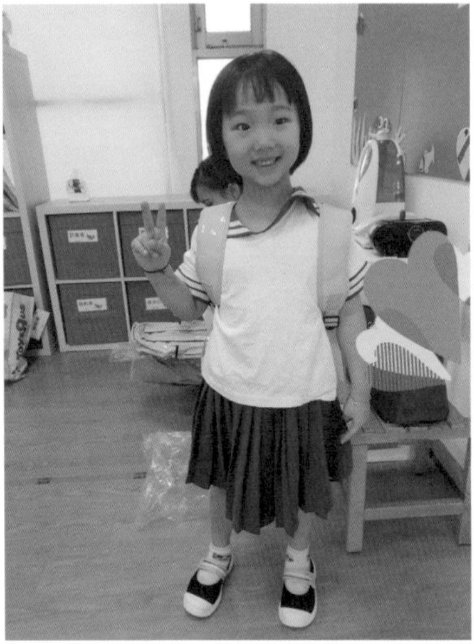

全美語幼兒園的班級一班會有三個老師，其中一位中文老師和一位全外籍教師會全日陪伴孩子們在學校共同相處與學習，如果是半美語學校就只有上英文課的時候外籍老師才會來。

全美語學校的規定是在校時間都要說英文，就算是下課時跟同學吵架也不能例外。

上課以後，老師時不時會跟我回報說蝦卷今天在學校跟同學用英文鬥嘴的內容，像是互相說對方：「沒禮貌」、「沒教養」，當然內容都不會髒話，而是用文謅謅的詞彙在互噴。

因為自然而然習慣，蝦卷的英文很落實

在生活應用，回家還會用英文對她爸爸碎碎念，益全曾經跟我說，有一次他有一件事沒做好，結果女兒罵他「stupid（笨蛋）」，因為她的發音帶有老師教的外國腔，益全一時反應不過來問：「蛤？什麼 snoopy？」

益全跟我說：「原來讓小孩學英文後，感到壓力大的是我自己。」

上課不到一個月，有天我問蝦卷：「妳學英文了，用英文說一個故事給媽媽聽好不好？」我原以為她應該會用一些單字、簡單的詞彙講個簡短的故事給我聽，結果她足足烙了五分鐘的英語，而且聽得出來內容是複雜且架構完整的故事，劇情大概是關於一隻兔子，牠去藏了兩顆蛋讓同伴來找，結果同伴找不到的故事；她滔滔不絕的講了五分鐘，而且不是用我們大人想好中文再中翻英的思考邏輯，而是直接用英文敘事的脈絡去講這個故事！

我把她說的故事錄下來跟老師分享，詢問這是不是學校教過然後她背下來的故事，老師說學校沒有講過這個故事，這是蝦卷學英文之後自己「編劇」，並且用英文即興發揮，上全美語學校不過兩週，我由衷的覺得這筆學費花得真是值得。

從女兒樂在其中的態度，可以清楚感受到她學習英文沒有壓力，我又用這個例子對益全說：「你看吧，大人跟小孩都不應該畫地自限，就像我之前跟你說過，如果當年你不要覺得打擊率四成和兩百安不可能，第一個達成的可能就是你了。」

聽到我又用這個老案例來挖苦他，益全笑了笑回道：「也是啦！」

教養時的怒氣管控

天下沒有不發脾氣的父母，碰到小孩「魯小小」的時候生氣是難免的，但我很早就跟益全講好，從蝦卷和喬治懂事開始，家裡的黑臉一律由我來扮。

「黑臉就都由我來扮，你不要扮黑臉，要兇、要罵、要打都我來，如果小孩真的惹你生氣，你真的忍受不了你就去旁邊冷靜一下，你在的時候就不要罵、不要打小孩。」

我這樣建議是因為我是小孩的實際照顧者，和他們朝夕相處，我如果教訓小孩後和他們修補關係的速度很快；但益全工作在外久久才回家一天，如果對小孩發脾氣又要馬上出門回工作崗位上，接下來雙方隔一個禮拜的時間才能相見，再見面可能也忘記先前發脾氣的細節，比較難好好修補親子間的關係。

孩子們可能會忘記上週什麼事情惹爸爸生氣，但童稚的心裡難免留下有對爸爸不好的印象，心想：「你都久久才出現一次了還罵我。」久而久之對爸爸的歸家就不會有期待感了。

所以我們訂下這個規則然後貫徹執行，益全只要在家就是負責帶給小孩歡樂，從懂事以來，兩個小孩都覺得「我家只有媽媽會罵人。」

我覺得為人父母情緒難免，但發脾氣以後要試著把情緒收回來，小朋友的脾氣都還在發作，大人自己要先能冷靜下來，不要在小孩還沒冷靜的時候試圖跟他們「講道理」。

如果你真的很生氣、超級生氣，那就先離開這個環境，像我的話可能就會離開衝突現場先去洗碗讓自己冷靜，思考一下：「我剛剛有必要這麼生氣嗎？」隔離一陣子以後，小孩的情緒剛好大致發洩完畢，也比較能靜下心來聽你說話。

有時候處罰打手心、打屁股，打過以後小孩的屁股卜留了一條紅印，我偶爾會拍照起來等他們情緒過後再跟他們分享，首先讓他們知道「我牛你們下來不是為了要打你們」，會教訓是因為真的做錯事，做錯的事情我會讓小孩試著自己說出來，他們才會知道錯在哪裡，雖然同一件事不太可能講過一兩次後馬上改過，但卒少能慢慢減少將來再犯同樣錯誤的機率。

其實帶小孩跟教練帶年輕選手是一樣的邏輯，年輕球員發生失誤時，當下自己肯定有點慌亂，教練這個時候的處理不要也帶著情緒去應對，不然慌張的年輕選手只會更害怕，本想導正卻適得其反，情緒沒能紓解引發的連鎖反應，反而讓後續失誤接踵而來。

碰到年輕人失誤，先讓選手自己敘述「你知道剛剛場上發生的狀況嗎？」其實讓他們講出來的本身就是一種緩解，不把壓力和情緒憋在心裡，更能發現問題出在何處，這是我在教育小孩時受到的啟發。

第 6 章

職棒家眷「偽單親」生活經營

益全因為工作因素有很長的時間不在家，加上我的個性是「能自己處理的事情就不用麻煩別人」，家中大小事能做的我都自己搞定，家中除了裝潢時就設置好的家具外，其他需要補充的消耗品都是我去賣場採購、運輸，然後自己DIY組裝完成，像是小朋友需要的桌椅、書櫃、衣櫥，連孩子們睡不下要淘汰的舊床也是我自行拆掉處理的。

家中燈泡壞掉、水管修理或添購家具都是我一手包辦，我去IKEA買櫃子自己扛上車、搬上樓，然後自己組裝，因為我不想讓益全放假回家還要耗費心思在這些瑣事上，畢竟球員季中放假一個禮拜才一天，我希望他到家以後徹底放鬆，不然就是多陪陪小孩。

在眾多DIY的項目當中，搬家算是最艱鉅的任務，從結婚至今我們搬家了四到五次，每次碰到搬家，從整理打包到新居各項物品歸位幾乎都是我一個人處理，我的東西又超級無敵多，每次整理打包都很累。

小孩常常看到很多事情我都自己處理，他們常會說：「媽媽你比爸爸還厲害！」我聽到時都會認真提醒他們：「沒有喔！爸爸和媽媽各自有不一樣厲害的地方，但是我們都是在為了這個家而努力喔。」

孩子們的話語常會讓我意識到，如果我把能幫小孩的事情全都做好了，我就會完全取代爸爸在家裡的地位，我希望身為職業球員的爸爸不要在孩子們心中留下「爸爸只是家裡過客」的觀感，這種感覺一旦根深蒂固以後就很難再扭轉了。

要讓孩了們知道，爸爸出門是為了全家的幸福在努力，爸爸的存在是有重要的地位和價值的，要讓常不在家的益全能走進小孩的成長記憶，又要讓孩子們期待爸爸回家的時刻，我必須要多管齊下。

培養獨立與適度放寬

要建立起對爸爸回家的期待，反而要先培養孩子們為日常事務負責的態度。

我對小孩的教育觀念是「為自己的事情負責」。從他們上學起，只要學校所需的東西忘記帶，我絕不會幫他們帶去學校，儘管他們偶爾還是想要挑戰大人的底限，有意無意地忘記看我會不會幫他們送，但我接到電話都會跟老師說：「只要不用打的，他們忘記帶東西老師要用什麼處罰都行，我想讓他們學會為自己負責。」

蝦卷有一次學校要用的衛生紙忘了帶，但她知道「媽媽不會幫我送來學校」，所以她只好先跟同學借，從那次以後，她就沒有再忘記帶東西，只要外出需要的物品她都會提前兩三天準備好。

喬治一開始也常忘東忘西，但幾次吃到苦頭後也慢慢學到教訓。有一次我帶他去學校上課，回程時我發現學校打了四、五通未接來電，我想說是什麼事情這麼緊急？回電後才知道是校門口警衛打來，喬治說他的足球鞋放在我的後車廂沒拿下車，他知道我一旦回家就不會另外再幫他把鞋子送來，所以趕緊請警衛打電話給媽媽，還央求他「如果打一兩通沒人接還是要繼續打！」

小孩每天洗澡、吹頭髮，我都訓練他們自己做，雖然洗好以後還是會幫他們檢查有沒有洗乾淨，但我要訓練他們能夠自己完成整個過程。除了生活瑣事，我也希望他們可以有自己幫問題找解答的能力，像是蝦卷看到班上有同學綁辮子上學，她也要求想要綁頭髮，我就鼓勵她：「妳現在不是會上網了嗎？妳可以自己上網查查，學習人家都怎麼綁頭髮，用自己喜歡的模樣去上學。」於是她就用平板電腦上 YouTube 看人家怎麼教學，再用芭比娃娃練習綁辮子。

很多事情雖然是舉手之勞，但我選擇刻意不幫孩子做，像是把他們使用過後的平板電腦拿去充電，如果總有人幫他們做好，他們就會覺得電腦有電是理所當然的，不會知道使用過的 3C 產品是需要固定充電才能方便他們下次使用。喬治常常到要用平板的時候才抱怨：「我的平板怎麼沒電了？」我告訴他：「要嘛你平常自己用完自己去充電，要嘛就

等你爸回來他才會幫你們充電。」

嚴格的作法，是為了培養小孩負責任的態度，如果爸媽一直幫他們把事情都做好，一來浪費自己的時間，二來小孩養成依賴性以後就會一直持續下去，此外我還有另一個目的，就是增加益全在孩子們心中的重要性。

從他們懂事以來，我就開始要求小孩學習自行處理生活小事，如洗澡、吹頭髮、幫平板充電等等，這些事情在益全放假的時候，我會適度開放讓小孩依賴他幫忙，就是因為這樣，從小到大他們最期待的就是爸爸放假回家。

只要益全在家，碰到小孩忘記帶東西去學校，像水壺、外套丟在家裡沒拿，他都會自己偷偷送去，我發現後會念他：「以後養成習慣他們老是忘東忘西，那就全部都你自己送。」但像是幫孩子洗澡、吹頭髮、綁辮子、幫平板充電這些平常我要求小孩自理的瑣事，我就會完全開放，讓孩子對爸爸撒嬌、偶爾依賴他幫忙，一來增進他們的互動，二來小孩會感受到「有些事爸爸在家就會幫我做」，孩子心目中爸爸的重要性提高了，對爸爸回家的期待感也提高了。

爭取親子時光最大化

益全常跟我分享職棒前輩和洋將退役時的感言，內容常提到職業生涯長年征戰在外，沒能好好陪伴家人的遺憾，我聽過以後很有感觸，我希望益全在職業生涯結束的時候不要有同樣的遺憾，所以除了增加他在孩子心中的分量，也要設法增加他們親子相處的時間。

在蝦卷幼兒園入學前，我帶著她跟隨益全的腳步全台球場走透透，我每場比賽都帶著小孩一起去幫爸爸加油，這樣小蝦卷也會覺得只要爸爸「下班以後」就會陪在我身邊，跟爸爸的分離時間體感不會這麼長，這樣的隨隊應援一直到小蝦卷入學後我們在台中定居，才停止頻繁進場的模式。

蝦卷和喬治都念書以後，自然沒辦法像過去那樣帶在身邊天天進場看比賽，但如果像一般職棒家庭一樣等待益全週日比賽打完以後回家，小孩和爸爸相處的時間又太短暫了！每週日比完賽，益全回家後小孩都已經準備要睡覺了，倉促的道聲晚安，隔天早上益全還在休息時，小孩又準備要出門上課，只能在看彼此的睡臉間蹉跎大把的相處時光。

後來我想出一個方案，每週我先研究賽程，確認益全五六日的比賽縣市所在，然後到週五蝦卷和喬治學校下課以後我就直接載他們一起去球場看球，並在週末三連戰時跟益全一起同住，這樣一週可以爭取到週末三連戰和休假的禮拜一讓全家人可以團聚四天！對益全而言，看到孩子開心的笑臉可以緩解相思之苦，也能轉移球場競技的高度壓力；對小孩來說，一週裡有三到四天可以親眼看到爸爸，在球季進行期間真的是奢侈的幸福時光。

GUARDIANS
EXIT

機會教育：爸爸工作眞辛苦

帶小孩在盛夏時節進場看球是一種考驗，當看到他們在場邊玩得滿身大汗時，常有熱心的球團人員問我「要不要安排進貴賓室，吹冷氣看球比較舒服？」我都會回他們說：「沒關係，讓他們多感受現場看球的氛圍。」這是比較官方的說法，但其實我心中另有一個目的。

小孩在觀眾席會覺得熱、覺得累，會躁動和不耐煩，有時比賽看到一半就吵著要回家，我會告訴他們：「你們只是在球場玩就覺得很熱不舒服，但你爸是在球場裡工作，不管現在是大太陽還是下大雨，他們都在沒有遮蔽的球場上繼續打球，他更熱更累，還不能像你們一樣說要回家就可以回家。」

在那個情境當中，孩子們可以更深刻體認到，現在能有汽車坐、有房子住，有書可以念、有好吃的東西可以吃……這些都不是理所當然的，是因為爸爸很努力工作賺錢才讓家

EA10

UNILION

裡擁有這些，場邊機會教育幾次以後，他們再也沒有比賽中途吵著要回家了，孩子們逐漸習慣球場的一切，更能體會爸爸為了這個家是多麼辛苦的在奮鬥。

我跟益全較少在孩子面前爭吵，有個關鍵點是他尊重我是主要長期陪伴照顧的那個人，所以教育模式他尊重我的意見，盡可能配合我訂定的方針，而在陪伴孩子成長的區塊，我也絕不讓他心中留有缺憾。

從黑白臉的確立、突顯爸爸在家的好處，及讓他們知道爸爸在外工作的辛勞後，孩子們對爸爸回家都滿懷期待，親子間的互動增添更多歡笑。益全跟他們玩鬧的時候自己更幼稚，以前他晚上小酌幾杯就會想要鬧小孩，他知道鬧我我會翻臉，所以他都去弄孩子們，不是咬蝦卷的腳就是脫喬治的褲子咬他屁股，老是弄得他們哇哇叫！

我覺得在台灣的教育風氣下，孩子們直到賺錢以後才可能真正脫離原生家庭獨立自主，以前的爸媽都習慣幫孩子做太多事情，所以才會到孩子成長到某個階段才意識到，自己原來需要「放手」讓他們真正獨立自主。

我一直認為，家長沒有習慣讓小孩自己做該做的事，長此以往才會有需要放手讓他們獨立的心態磨合期，所以我以培養小孩自理生活瑣事為起點，像洗澡、吹頭髮、寫作業，拿該簽名的簿本來簽名和收拾書包檢查所需物品，把自理的過程融入生活，從小養成不依賴的習慣，才不會某天忽然被要求要獨自處理事情的時候，內心會有小劇場認為「爸媽不愛我了」。

「全家人」的理想藍圖

出乎很多人意料的是，剛開始益全其實不希望喬治打棒球。因為他自己是過來人，他覺得打棒球太辛苦了，尤其是在台灣打棒球，真的很苦。

我也不希望小孩是因為「我看我爸爸打球，我就跟著打球」，如果真的有天分又有興趣，那我會鼓勵喬治去打；但如果沒有天分那就玩玩就好，沒有天分的人，雖然後天努力還是會發揮功用，但肯定會比別人更艱辛；辛苦這件事對運動員來說是必然的，但如果具備天分就可以縮短辛苦的過程。

因此我對小孩課餘的才藝更鼓勵他們多元嘗試，打棒球之外，足球、跆拳道、直排輪我都覺得很棒，只要不要太早鎖定在一個項目就好，很多東西都可以玩玩看，即使喬治真的喜歡打棒球，我也希望他童年時光不要全副心力都放在棒球上，盡可能全方位發展。

喬治慣用手是右手，他日常吃飯、寫字都用右手，但因為看爸爸左打習慣了，所以打棒球的時候竟然自己就學起爸爸用左打，而投球練左投是因為益全跟我說：「國外左投投手簽約金會比右投手多五萬美金。」自此，從喬治的第一個手套開始，就都是右手手套了。雖然從小動作非常自然順暢，但我們都會建議他訓練上要平衡，因為如果丟球和打擊長時間習慣左打，另一側的肌肉訓練就不夠，他現在這個年紀還是需要均衡發展。所以其他運動如網球、羽球課，喬治就都會用右手揮擊。

喬治也很喜歡踢足球，他踢球時左右腳都能運用自如，協調性很好，在足球社的表現常讓教練懷疑我們有聘請私人教練訓練他，但真的沒有，他只是純粹有興趣，加上得自於爸爸的好基因。

益全對喬治踢足球很鼓勵，因為這個運動對敏捷訓練很好，對反應和協調性也很有幫助，喬治一開始會開始踢足球是因為看世足賽，後來他在 YouTube 頻道上看到有節目拍

2023
臺中洲際棒球場
12.9(六)
Dodgers
8

攝C羅和梅西這些世界頂尖足球員的豪宅，讓他大開眼界，他覺得踢足球「可以賺好多錢」，所以他也想要踢足球，算是非常實際的目標。

除了踢足球，喬治偶爾也打籃球，我們後來發現他是隨著運動賽季的更替在運動，我們看什麼他就跟著玩什麼，世界盃以後他踢足球、NBA球季開幕後他就打籃球，春天棒球季開打他又打棒球，現在看到大谷翔平二刀流他覺得又帥又強，他又把大谷當目標，想像他一樣又投又打。

近年來我們夫妻開始思考，小孩未來的夢想其實可以跟大人的計畫做接軌，如果喬治真的有志於打棒球，早一點出國學習、拓展視野會更好。

我們曾經想過可以依循陽岱鋼的模式，讓喬治去日本讀書，未來在日職可以用日本本土選手身分打職棒，就不用跟其他洋助人競爭稀少的洋將名額，但是考量到喬治的個性和學習模式，對照對日本環境的理解，我們認為他可能比較適合美式風格，我們也有可能在喬治國小畢業以後就搬去美國讓他就學和打球。

那時益全也剛好從現役選手退下，無論想轉任球探，或像葉君璋教練那樣赴美國職棒

體系當助理教練進修研習，時間點與環境都恰好符合父子兩人的需求；另外，小蝦卷對音樂、繪畫的興趣很濃厚，在美國也有比台灣更多的藝術類學科可以選擇，孩子們從小學英文，外語能力也不需要擔心，若真的選擇赴美進修，應該只有益全比較需要擔心英文而已，哈哈哈。

一起赴美進修的計畫，兼顧全家人的學業和事業，還可以避免小孩太小就必須與父母分隔兩地的處境，追尋目標之餘，還能兼顧童年陪伴；而且我認為最需要出國的人其實是益全，他在台灣環境太久了，就算是外籍教練來台，能學到的東西都有限，長年從別人口中獲取轉授的知識，跟自己劍及履及親身到國外吸收養分，收穫還是大不相同。

所以我建議益全退役後不要馬上轉職，先繼續進修學習，柔性面的知識獲取對領導、調度、教育選手都有幫助，相關課程我也都幫他安排上課先修，才不會到真正轉任教練時才開始累積經驗。成功的管理者並非一蹴可成，課堂上獲得的知識、實務管理累積的經驗，都需要一段時間的吸收內化，再用自己的風格呈現，才會嶄露出截然不同的新樣貌。

第四部

不做星光，依舊燦爛

第 7 章

成為一家人的太陽

我認識益全時恰逢中華職棒的關鍵轉折期，曾受過重創的職棒環境剛要度過療傷康復的過程，選手的待遇也普遍偏低，即使益全那時候的成績已經是聯盟頂尖，但在興農牛最後兩年的平均月薪也不到二十萬。那時我在國外演出的酬勞雖然不固定，但月收入也能達到二、三十萬之譜。

義大犀牛接手以後益全的身價上漲，他晉升「五十萬月薪俱樂部」，在網路上我也偶爾會看到有人討論「林益全的老婆」，有些網友會稱讚：「她長得很漂亮」，底下就會有其他人回應：「拜託，林益全賺這麼多，我要是女生我也搶著嫁好不好！」

網路批判千奇百怪，我也不可能一一去跟網友解釋：「其實剛認識他的時候我賺的比他多……」

如今社群發展更蓬勃，交往對象是公眾人物而被網友攻擊的評論愈來愈多，而且被非議的不限於女性，當女方知名度或收入較高時，男方也同樣會遭受到粉絲批評。

近十年中職選手的待遇普遍提升，選手交往對象聽到的閒言閒語只會更多，要適應外在眼光和輿論會辛苦一段時間。我會建議她們自己的心先要定，不要 care 外在觀感和言論，職業球員的高壓力和家眷陪伴度過的難關，箇中辛酸外人難以明瞭，日子終究還是自己在過的。

與公眾人物交往多少都會被放大檢視，程度高低不同而已。以我為例，儘管與益全婚後為了事業共同努力了這麼久，還是會受到網友批評，所以我建議剛結婚的年輕夫妻別太在意外界的想法，跟另一半相處如何能最有默契這才是最重要的！自己的心態轉換很重要，愈不在意外在輿論，輿論就愈傷害不了你。

放下執念，相信自己

與職業球員交往少不了要面對心魔，其中一個就是外界的桃色誘惑，過去被媒體揭露的案例愈多，相信會讓很多人妻為此而擔憂。

最開始我也曾為此焦慮，尤其剛生完小孩坐月子的時候，擔憂到接近恐慌和躁鬱，現在回想應該是當時產後憂鬱或躁慮賀爾蒙改變導致的吧，益全在外征戰時我疑神疑鬼緊迫盯人，也會天天查勤，要他到飯店以後打開視訊，拍攝房間裡裡外外的環境讓我確認有沒有其他人的存在。

我後來冷靜的思考過，若是真的有心要做壞事，其實這種查勤根本沒有用，一直對老公心存懷疑、緊迫盯人，試圖把他的心栓在自己身上，這種行為更容易造成反效果，把對方推得更遠，索性去做你一直在擔心的事，這也是所謂的吸引力法則，很多事是你自己吸引而來的。

早年曾聽聞女球迷主動貼近球員的案例，現在進入社群時代更是防不慎防，如果透過社群私訊邀約，就連球團管理也鞭長莫及，我就曾經接到過狂熱球迷用臉書私訊的通話功能來電詢問我「林益全明天會不會先發？」

知道可以透過社群軟體直接撥電話給對方後，我心想：「如果眷屬都能輕易接到球迷電話，那球員接到的不就更多了!?」當時我真的很擔心，整天疑神疑鬼焦慮萬分，後來我發現如果一直糾結在這上面，費盡心思揣測另一半的狀況，讓懷疑與不信任長期存在夫妻關係中，不但另一半壓力大，就連自己也別想過正常生活了。

負面情緒帶來的連鎖效應同樣適用「吸引力法則」，就像球員上場如果滿腦子只想著「不要打雙殺、不要打雙殺」往往更容易打出雙殺。焦慮與懷疑會讓相處模式不健康，更容易把另一半推向出軌的道路。

轉念後，我的心態調整為「真的碰到偷吃劈腿了，再來討論要怎麼做就好。」

沒發生任何狀況，就是用信任為基礎好好經營家庭，其他不需要多想。與其對這種事「防範未然」，倒不如從先把自己的步調調整好，把心思放在讓自己更好上面，做一些自己喜歡的事，心思不需要全放在老公身上，才不會他壓力大，你壓力更大。

年輕的人妻很可能會經歷這個心魔，尤其是人氣球隊中指標球星的另一半，心理壓力會更大，我以過來人的身分誠心建議，把目光回歸到自己身上，突破心魔的關鍵在於如何看待自己，如果你夠有自信，就不會反過來擔憂對方。

研習心理學課程的過程讓我獲得成長，我學會不去煩惱沒發生的事，真的有預期外的事發生時再來處理會比較實際。

學著相信「相信」這兩個字的力量，壞事還沒發生就不要先想起來放，若是常擔憂以對，一直臆測、擔心，憂慮就會影響行為模式，反而更容易形成你害怕的結果。我常跟益全說：「你站上打擊區的時候愈擔心雙殺就愈容易發生，與其煩惱在前面，不如上場時先自我催眠『今天我就是要來當英雄的！』相信自己的力量，更容易帶來好的結果。」

我學習這些知識的初衷是想與益全分享交流，結果過程中我也有所領悟，將心得運用在家庭經營中，這對於我跟丈夫和孩子的互動都很有幫助。

放下執念，反而會得到意想不到的收穫！把心思放在讓自己更好身上，你不見得要一直去學新東西，但可以做一些喜歡的事，讓自己感覺「我是持續在進步的。」

女主內也能經營個人事業

我本身是財務管理碩士畢業，加上益全的爸爸傳承給他的家庭觀念是：「男人在外打拼，錢就是要交給另一半來管理。」

全爸說：「既然是夫妻，就相信你的老婆會把你的錢管好，如果不幸你的老婆不會管錢，那也是你自己選的。」益全結婚以前，他跟他爸的錢都是交給全媽在管理，結婚以後，益全的錢就交給我來管理了。

我在婚前就累積了七位數的存款，自己有一定的經濟基礎，加上公婆傳承給益全的觀念，結婚後我們夫妻沒有去區分彼此的錢，就是以家庭為單位一起做管理，但這不可能適用於每對夫妻的狀況。

很多在家親自帶小孩、沒有再次投入職場的人，會碰上需要跟另一半伸手拿家用的狀況，對於這一點，婚前或新婚之初的溝通與模式建立就會很重要，有些職棒選手希望自己負責在外努力打拼賺錢，太太把家中家務、配置，大小事務操持的妥妥貼貼，讓選手回家後不用再煩惱柴米油鹽等日常瑣事，若丈夫能認同持家管帳也是一項重要工作，那就把財務交由另一半管理，只要雙方事先溝通，有相互信任的默契即可。

如果妻子跟丈夫伸手拿錢會不習慣，希望自己有收入心裡比較踏實，那就視家庭狀況找保母或委託長輩幫忙帶小孩，在沒有後顧之憂的情況下再次投入職場，可避免拿人手短的心理負擔，只要事先協調好，讓家中需求都能達到穩定平衡就好了。

新手媽媽常常會擔心自己帶小孩多年會失去職場競爭力，想要托嬰去工作，又因為薪資過低，賺的錢連給保母都不夠付而陷入兩難；但我認為在這個自媒體蓬勃發展的時代，即使在家當專職主婦，都有機會建立起自己的事業。

在家帶小孩其實仍有很多線上課程可以學習，建議可以先專精在自己感興趣的事物上，不一定剛開始就把著眼點放在「我將來要靠這個賺錢」，學習會讓自己開心的事也很好，只要願意出發，都能找到拓展新領域的機會，但關鍵是這件事你必須有興趣，這樣比較不會半途而廢，浪費時間和金錢成本。

我有一位朋友在家帶小孩多年沒在外工作，因為不想再跟老公伸手要錢，她嘗試開創

逢甲大學
經營管理碩士在職學位學程
碩士論文
中華民國一百一十X年X月

自己的事業，她本身喜歡健身，於是她從小型的健身教室開始創立，抱持著「就算沒客人我也可以自己運動」的念頭樂此不疲的經營，後來日漸打出口碑，累積了一定的客源。

也有很多人運用自媒體開設個人頻道直播帶貨，又或者利用婚前的專業或喜好開設頻道教人跳舞、玩遊戲，或延伸各類課程，重點就是去做自己感興趣的事，不一定要馬上求得收入，但一定要能從中「快速獲得成就感」，因為這會是支持你延續下去的動力。

擺脫附屬品觀感

婚後剛開始被球迷稱呼「全嫂」、「林益全的老婆」我還沒什麼特別感覺，直到我念EMBA的時候，週遭的人介紹我時常說：「她是林益全的老婆，你知道林益全是誰嗎？」「打棒球的那個啊！她就是那個林益全的老婆。」

現實狀況就是這樣，如果沒有自己的事業，持續推出作品，最快被人認識的方式就是透過有名的配偶；如果想跳脫這種觀感，就要開拓屬於自己的人際圈，如果一直都在棒球領域，別人很難以別的身分認識你，直到有自己的事業、自己的名片，別人才會知道「你是誰」。

要建立事業先得從提升自我開始，舉例來說，像啦啦隊女孩退隊結婚，但不希望被認為只是「某某球員的老婆」，她可以經營社群、開設頻道，教學生跳舞，拓展個人影響力，在新創頻道粉絲的眼裡，她就是「某某老師」而不是「某球員的老婆」。

經營個人品牌，讓外界認識「你是誰」，像我先前在台中的幼兒園教兒童體適能的時候，我在小朋友們的眼中就是「Kelly coach」，而不是「林益全的老婆」。

身為專職主婦（或主夫），還是可以兼顧經營個人品牌，現在自媒體這麼發達，人人都可以開設粉絲團、IG或個人YouTube頻道，以自己的專長和興趣讓大家更認識你。

總而言之，第一步就是要先做出改變，改變現狀對一個人來說是最大的障礙，首先要擺脫惰性，脫離早已習慣的生活模式，再來是克服「我不行」的自我懷疑，接下來才是更新電腦硬體、熟悉新媒體運用，這些挑戰難度不高，真正難是難在邁開腳步跨第一步的勇氣。

每天來點無壓力的改變

想改變現狀，每個人都會給自己設定目標，但剛開始若把目標設定的太大、太遠，太不具體，會發現要做的事情很多、很雜，而且目標如果太遠大，微小的進步就會很難有感，一段時間後就會彈性疲乏，想要放棄，應了那句：「要改的東西太多了，那就改天吧！」

以減肥為例，晚上固定要吃澱粉才會獲得身心滿足的人，一開始就以「完全不吃澱粉」為目標，過程經歷的震盪一定會很大，睡前肚子餓得咕嚕咕嚕叫，身體和心理都沒有踏實感，兩三天後就受不了而放棄，重吃澱粉後反而更容易因為補償心態吃的更多，想減肥卻適得其反。

如果採用漸進方式，改為晚上照吃澱粉，但一碗白飯少吃兩口為起點，這樣的減量體感差異不大，達標門檻較低，卻有累積的減量效果，久而久之，你會察覺自己每天少吃兩口似乎影響不大，之後就可以循序漸進的減量，從少吃兩口到少吃半碗，以漸進模式讓進食習慣朝下一個新目標邁進，最後終能達成晚餐不吃澱粉也不會感到飢餓和內心不滿足。

設定具體且容易達成的初始目標，用漸進方式進行，會比一步到位更容易達標。

以棒球為例，益全曾經在新球季展望時，以拿下年度最有價值球員為目標，我聽完以後回他：「好，但這個目標很大，你可以先試著縮小範圍，要拿年度MVP可能至少需要拿下兩個打擊獎，你覺得哪些獎項是挑戰MVP必須取得的？」設定好專攻項目，就不會盲目追尋各項績效，顧此失彼。

益全聽完後因應自己的打擊特長，設定要搶安打王和打點王兩個打擊獎項，也就是從終極目標（MVP）中延伸出具體的績效目標。

在獎項鎖定後，他進一步把拿獎項所需達標的績效，拆分到逐月、逐週比賽中，中職一軍單週打五場比賽，他可將目標設定為「單週二十個打數內敲出十二支安打」，雖然不容易達成，但已經非常具體，每個禮拜都以這個高標去挑戰，即便沒辦法週週達標，全年累積的成績也會非常可觀，後來在二〇一三、二〇一四年兩個賽季，他分別拿下打擊王、安打王和打點王，也真的如願連續兩年蟬聯最有價值球員。

以我自己長年維持個人運動習慣為例，朋友們都說很佩服我能在每天早上早起張羅小孩上學以後還能堅守運動習慣，因為他們忙完小孩的事以後只想回去補眠。

誠然如此，長期照顧小孩身心俱疲的情況下，要有擺脫惰性的念頭就已經很不容易了，如果一開始就想著「回家不要補眠，我要運動」這樣壓力一定會很大，後來不但沒有運動，邊補眠時還心懷罪惡感讓自己沒睡好，兩頭落空。

如果本來就有補眠習慣，也不需要馬上調整成完全不睡，不如就先好好補個眠，只是本來習慣睡到十二點，可以先調整為十一點起床，這樣還是有睡到，提早一個小時起床，改變不會太劇烈。直到習慣十一點起床後，再漸漸調整為十點、九點半，漸進式改變，生理時鐘會有記憶，有一天你會忽然發現九點半不用鬧鐘就能自然醒來，而且身體休息感已經足夠，到後來甚至不用補眠也覺得精神奕奕時，再開始嘗試運動。

這道理就是《原子習慣》這本書說的概念，每天微不足道一點點的改變，長久累積下來是很驚人可觀的改變。

別小看每天的些微改變

很多人在婚後懷抱著讓自己更好的企圖心展開學習，因應要管錢開始學習投資理財，但跟從前所學與個性南轅北轍，跨足全然不同領域的學習一定會很痛苦，也容易想放棄。

我建議婚後的進修可以先從自己有興趣事情為起點，尤其是已經在家帶小孩四、五年沒動起來的人，可以先從學習烹飪、插花，這種在嗅覺、味覺和視覺上對家庭環境改變明顯且立即有感的領域。

一則有興趣讓人比較容易延續，二則內心滿足與被家人誇獎獲得成就感，都會讓人更有動力持之以恆，從興趣類進修開始，重新進入「學習模式」，並從中獲得自我認同，當建立起「人生任何階段都可以學習新知」的自信以後，就可以邁向跨領域的進修。

烹飪、插花（泛指一切感興趣的事）可能跟會計、理財（你的終極目標）八竿子打不著關係，但以往缺乏數字觀念，對財務一竅不通的人立即投入學習理財的門檻較高，挫折感重，又無法獲得立即的成就感，但學插花（感興趣的事）是讓你「重回學習模式」的起步，一個躺著很久沒動的人，要讓他先試著坐起來，等坐起來以後，才能慢慢讓他站起來走路。重新養成「學習的習慣」，從中「獲得樂趣與自信」，再從學習熱忱中「逐步邁向終極目標」。

從不同面向幫家庭更好

成家後想幫自己的家庭加分是多數人的願望，但每個人的個性和專長都不一樣，沒有同一套公式可以依循。

我覺得可以先從最基礎開始一步步做起，把自己週遭能掌握的事先做好，像是先讓嗷嗷待哺的小孩吃飽、穿暖，身體健健康康，當孩子們進入學齡，上學的作息穩定以後，空閒後的時間若想讓疲憊的身心先休息一陣子，也可以先休息放空，只要家庭打理好，不見得一定要立即重回職場賺錢才是對家裡有貢獻，讓在外工作的伴侶沒有後顧之憂，這就是你對家庭的價值。

建立溝通習慣是很重要的，伴侶返家時看到的狀況不見得是事情的全貌，例如他回家看到你正躺著休息，覺得你平常好像都閒閒沒事做，卻不知道此前你才剛打完一場安撫孩子的仗，直到小孩入睡你才累癱在沙發上。

不要小看照顧小孩、打理家庭環境對另一半的幫助。做為孩子的主要照顧者，可適時與伴侶分享自己跟小孩的日常互動內容，讓對方知道其實你為孩子做了很多。

分享時也要選擇場合與運用技巧，像在兩人輕鬆吃飯、約會，或伴侶在外工作表現很好、心情正佳的時候，用聊天而非抱怨的方式分享小孩在家的狀況，把自己辛苦用心的一面展現出來，這樣對方會知道你有多辛苦，畢竟沒有親自帶小孩的人有時真的很難理解小孩盧小、胡鬧時陪伴者身心有多煎熬，別預設另一半必然會理解，一定要建立溝通橋梁，在對的時機點用對的方法傾訴，才會達成互相體諒的結果。

適時促進伴侶與小孩的互動，像是另一半休假期間調配輪休，讓自己放風休假幾個小時，讓對方體驗一打一（甚至一打多）照顧小孩的壓力與辛苦，一來舒緩自己長期繃緊的神經，二來讓伴侶知道帶小孩並不是這麼簡單，他也會更珍惜你的付出。

花生

培養共同興趣，拓展生活話題

夫妻間能培養共同興趣要看個性和緣分，如果目標是希望和伴侶除了工作和小孩之外還有其他話題可聊，那就先不要為自己設限，認為老公感興趣的事情自己肯定沒興趣。

如果自己沒有特定興趣，可以試著聽聽看另一半的建議然後一起嘗試，試過以後若真的不感興趣再談放棄也不遲。

我曾經也是個不愛戶外運動的人，只要是會曬到太陽的地方我都不想去，但在義大犀牛時期益全和隊友們興起打高爾夫球的熱潮，他建議我也一起來打看看，我當時心想，夫妻若是能培養一些共同興趣，也可以激發一些新的聊天話題，於是我開始嘗試，還請教練來做一對一指導練習，打到後來我也漸漸喜歡上這項運動。

培養夫妻共同的嗜好，話題就不會老是圍繞在小孩身上，內容狹隘枯竭，也容易引發爭端，找個能轉移焦點的興趣，讓對談時多一些議題，夫妻相處也能激發出更多新意。

新婚夫妻往往能延續熱戀情侶如膠似漆的模式，但結婚十幾年後還要維持這種關係顯得有點不切實際，能從愛人變家人也好，愛人變朋友也罷，相處氛圍雖然跟以往不同，不像熱戀時的情感那麼熾熱濃烈，但能在一家人茶餘飯後的愜意言談間相視會心一笑，那種心意相通、細水長流的默契感，其實也挺好的。

認識自己、肯定自己

本書的最後，我想分享給大家的是：「只要夠了解自己，你會發現人的潛力真的是無窮的。」

一切先從自我了解開始，理解自己是最困難的，要隨著閱歷和經驗，慢慢自我發掘、與內心對話，如果你真的很懂自己，就會選擇在擅長的領域發揮，展現自我價值。

自我價值不需要他人界定，而是從自我認知而來，像是學插花、泡茶所獲得的成就感不全然是來自他人的稱讚，而是因為你欣賞自己，發自內心覺得自己泡的茶很好喝、插的花很漂亮，從中獲得了滿足與自信才開始的，這就是自我價值。

一位妻子、母親，不需要靠他人評價來認定自己做得好不好，而是該與自己對話：「我是不是把我的責任盡到了？」如果自省覺得做的不夠好，那就再想想還有哪裡可以改進；若是捫心自問真的已經把該做的事都做好了，那就應該給自己一點掌聲，不需要活在別人的價值觀裡盲目的追著評價跑，一個人能得到最大的肯定往往發自內心，一切都先從認識自己、肯定自己開始。

不用強求改變環境、改變他人，最需要的是試著改變自己，先發自內心想讓自己更好，當自己變好了，身處的環境自然會跟著改變。

不用總想著去改變伴侶、改變小孩，這種事勉強不來，從自己改變起，讓家人實際感受到你的轉變，滴水石穿、潛移默化的力量反而更強大，就像你希望小孩去運動，勉強或命令他離開電視和手機的效果其實有限，如果我命令孩子們去運動場運動，自己卻在一旁滑手機，小孩看在眼裡又怎麼會有動力？當我先放下手機去做運動表率，小孩看在眼裡就不是「命令」，自然而然會跟著我一起「同樂」。

對小孩如此，對大人更是。

很多見證益全職棒生涯歷程的朋友曾對我說：「你能夠改變林益全，真的很了不起！」

我都回他們：「沒有！這些是他自己願意去做的，我沒有改變他，我只是用我的所學跟他分享而已。」

我沒有改變林益全，但我確實用自己的實際行動影響了他。

過去我曾試圖「要他改變」，像是重訓，怎麼講都不會聽，因為他就是很有自信，認為自己成績很好不需要再重訓，如果我一再強求只會造成反彈與爭執；後來我先改變我自己，學習健身和重訓相關的知識與技能，又身體力行投身實作，我的行動才慢慢影響他的思維。

放下控制他人的想法，先往內自我檢視：「我自己喜歡的是什麼？我想做的又是什麼？」

不用自我設限，也不需被傳統束縛，每對夫妻的個性與相處模式不同，有時角色互換反而可能讓家庭更幸福融洽，只要更愛自己、更了解自己一點，你會發現人的潛能遠比所能想像的更強大！在家庭中扮演妻子與母親的角色，別忘了自己也是獨立發展的個體，在溫柔守望的背後，也可以有自己的理想追尋與實踐。

大氣層的循環、晝夜與四季的輪替，冷暖的變化感知，都是太陽作用下的結果，陽光的能量支援著光合作用，驅動生命萬物的運行，期許每個人都可以由內而外散發溫度與光芒，成為一家人的太陽。

寫作後記

幫每位傳記主角執筆的時候，我都能在訪談過程中從他們身上學到一項核心精神，這種偷師經驗算是給傳記作者的一項福利吧。

我從高國輝的經歷學到逆境如何再起、從官大元的感悟學到親子陪伴的重要、從詹智堯的分享學到用對方法努力才能看到成功路徑……這次我學習的對象換成林家嘉，她讓我再次體認，一個成功的男人、一個幸福的家庭背後，有一個偉大女性的支持有多重要。

在訪談間我跟益全說：「你真的娶到好老婆」，不是討好，而是發自內心的認同！

益全職業生涯的發展受到家嘉「女力」影響的提升是十分令人有感的，若要用一段話為他們夫妻的故事下一個註腳，我會說：「林益全的職棒生涯光彩奪目，但他的光芒是因為有了林家嘉這個元素後才有了溫度。」

感謝家嘉和益全分享他們的故事，在這本書完成以後，我更感謝在我寫作生涯中默默支持我的兩位偉大女性：感謝我的媽媽和我的老婆，因為有你們的支持和陪伴，我才能成為現在的我，甚至完成了一些原本我認為自己做不到的事。

我把這本書獻給我的家人、也把這本書獻給努力突破自我的每個人。

卓子傑

國家圖書館出版品預行編目（CIP）資料

不做星光，也能成為一家人的太陽/林家嘉，卓子傑著.
-- 初版. -- 新北市：堡壘文化有限公司出版：
遠足文化事業股份有限公司發行，2024.02
面； 公分. -- （萬象；4）
ISBN 978-626-7375-57-0（平裝）. --
ISBN 978-626-7375-63-1（平裝作者限量親簽版）

1.CST：家庭關係 2.CST：通俗作品

544.1 113000849

萬象 04

不做星光，也能成為一家人的太陽

作者	林家嘉、卓子傑
總編輯	簡欣彥
副總編輯	簡伯儒
責任編輯	簡伯儒
行銷企劃	曾羽彤、游佳霓、黃怡婷
封面設計	萬勝安
內頁構成與版型設計	覓蠹設計室

——

出版	堡壘文化有限公司
發行	遠足文化事業股份有限公司（讀書共和國出版集團）
地址	231 新北市新店區民權路 108-2 號 9 樓
電話	02-22181417
傳真	02-22188057
Email	service@bookrep.com.tw
郵撥帳號	19504465 遠足文化事業股份有限公司
客服專線	0800-221-029
網址	www.bookrep.com.tw
法律顧問	華洋法律事務所　蘇文生律師
印製	韋懋實業有限公司

初版 1 刷 2024 年 2 月

定價 新臺幣 450 元

ISBN　978-626-7375-57-0（一般版）

ISBN　978-626-7375-63-1（親簽版）